Renate Kissel

Zu Gast an der Mosel

Renate Kissel

Zu Gast an der Mosel

Spezialitäten
von der Quelle bis zur Mündung

mit Bildern von Dieter Portugall

Weingarten

Die Abbildung auf der Umschlagvorderseite zeigt die Alte Mühle Höreth in Kobern, auf der Umschlagrückseite ein Stilleben mit Hahn und Gemüse

Die Bezeichnungen der Rezepte sind in Deutsch und gegebenenfalls in der Landessprache wiedergegeben.
Bitte beachten Sie, daß, wenn nicht anders angegeben, alle Rezepte für 4 Personen berechnet sind. 1 Eßlöffel (EL) und 1 Teelöffel (TL) bedeutet gestrichen voll und nicht gehäuft. Msp. = Messerspitze.
Die in den Rezepten angegebenen Koch- und Backzeiten können erfahrungsgemäß nur Anhaltswerte darstellen. Ich habe festgestellt, daß die Garzeiten sehr unterschiedlich sein können; ganz abgesehen davon, daß Backöfen mit Umluft kürzere Zeiten benötigen und außerdem die Temperatur um 20–30°C niedriger eingestellt werden sollte. Am besten sei angeraten, gegen Ende der Backzeit eine Garprobe zu machen. Die Koch- oder Backdauer wird auch beeinflußt durch die Wahl des Geschirrs.

Die Deutsche Bibliothek – CIP-Einheitsaufnahme
Kissel, Renate:
Zu Gast an der Mosel: Spezialitäten von der Quelle bis zur Mündung/Renate Kissel.
Mit Bildern von Dieter Portugall. – Weingarten: Weingarten, 1998
ISBN 3-8170-0035-9

Satz: Riedmayer GmbH, Weingarten
Reproduktion: Repro-Team GmbH Weingarten
Gesamtherstellung: Druck- und Verlagshaus Erfurt seit 1848, GmbH, Erfurt
Printed in Germany
ISBN 3-8170-0035-9

Inhalt

Eingang zu einem Weinkeller

Vorworte

Von ihrer Quelle in den Vogesen bis zur Mündung in den Rhein durchfließt die Mosel altes europäisches Kulturland. Wie ein Band stellt sie die Verbindung her zwischen dem französischen Lothringen, dem Großherzogtum Luxemburg und den deutschen Ländern Saarland und Rheinland-Pfalz. In all diesen Ländern und Regionen wird Weinbau betrieben, mit einer langen, schon 2000 Jahre und weiter zurückreichenden Tradition.
In Deutschland gibt es wohl kaum eine andere Landschaft, die auf eine vergleichbar lange Geschichte als von Menschenhand geprägter Kulturlandschaft zurückblicken kann. Wer das Tal der Mosel von der Mündung kommend betritt, der stößt schon nach wenigen Kilometern auf eindrucksvolle und lebendige Zeugnisse dieser Kulturlandschaft. Über Generationen hinweg haben dort Winzer an den steilen Berghängen kunstvolle Terrassen geschaffen, auf denen sie ihre Weingärten angelegt haben und bis heute Weinbau betreiben.
Der Weinbau prägt das Moseltal über weite Strecken. Er hat dieses Tal zu einer einzigartigen Weinkulturlandschaft geformt. Weine von der Mosel und von ihren beiden Nebenflüssen, der Saar und der Ruwer, haben weltweit einen herausragenden Ruf. Diesen Ruf begründet in erster Linie eine Rebsorte, die ihre ganze Brillanz vor allem auf den steilen Schieferhängen des Moseltales entfalten kann, der Riesling. Er erweist sich damit als idealer Begleiter auf der Reise zu den vielfältigen kulturellen und landschaftlichen High-Lights an den Ufern der Mosel. Und er begleitet die Besucher dieser herrlichen Landschaft auf ihren Ausflügen zu den kulinarischen Besonderheiten der verschiedenen Regionen entlang der Mosel.
Ich wünsche den Lesern viel Freude mit diesem Buch. Ich bin überzeugt: Es wird Ihnen Appetit machen auf die einzigartige Weinkulturlandschaft des Moseltals und auf das besondere Kulturgut dieser Landschaft, den Wein.

Reiner Brüderle,
Stellvertretender Ministerpräsident und Minister für Wirtschaft, Verkehr, Landwirtschaft und Weinbau des Landes Rheinland-Pfalz

Originell und abwechslungsreich zugleich, hat die Lothringer Gastronomie viel mehr als nur Quiche Lorraine zu bieten. Spezialitäten wie Ferkel in Gelee, der Lothringer Eintopf, die „Madeleine von Commercy“ sind nur ein Teil der kulinarischen Schätze aus dieser Region. Man findet dort auch ausgezeichnete Schnäpse wie z. B. Lothringer Mirabelle.
In Lothringen, einer der grünsten Regionen Frankreichs, mangelt es nicht an Attraktionen.
Wer hat noch nie von den Thermalbädern in Vittel und Contrexeville gehört? Lothringen bietet ein komplettes und einzigartiges Entspannungsprogramm: Wassersport, Skilaufen und Ferien auf dem Bauernhof.
Lothringen ist von den großen Ereignissen der Geschichte geprägt. Ein Beispiel dafür ist das Denkmal von Verdun.
Weltberühmte Kristallnamen wie Baccarat, Daum und Saint-Louis werden aus dieser Region importiert.
Metz lockt jedes Jahr sehr viele Touristen an, die an der Mosel entlang schlendern. Von den wunderschönen Denkmälern und den blühenden Gärten sind sie besonders beeindruckt.
Auf das Buch von Renate Kissel, illustriert mit Aquarellen von Dieter Portugall, freue ich mich sehr. Durch dieses Werk entdecken die Leser zahlreiche kulturelle, künstlerische und kulinarische Schätze entlang der Mosel.

Jean-Marie Rausch
Sénateur-Maire de Metz

Seit Jahrhunderten ist die Mosel der völkerverbindende Verkehrsweg für unsere Region. Inmitten Europas fand am Moselufer seit Menschengedenken ein Austausch von Kulturen statt, wurden Kontakte gepflegt. Geschäfte gemacht, wurde gelebt und geliebt. Den heutigen Besucher erwartet eine außerordentlich schöne, abwechslungsreiche und interessante Natur, ein mildes Klima und eine herzliche, aufgeschlossene Bevölkerung.
Das Moseltal ist natürlich ohne den ausgedehnten Weinanbau nicht vorstellbar. Passend dazu hat sich eine typische Winzerküche entwickelt, die von Charakter und Philosophie des Moseltales geprägt ist. Allgemein bekannt ist die Leidenschaft der Moselaner für eine sehr schmackhafte, kräftige Küche, die auf der hohen Qualität eigener Lebensmittel beruht, welche sowohl vielfältig als auch ernährungswertvoll zusammengestellt und präsentiert werden. So können wir nicht ohne Stolz feststellen, daß unsere einheimische Küche den Rezepten unserer Vorfahren treu geblieben ist und diese auch pflegt, damit die Liebhaber guten Essens ihre Freude am Genuß haben. Ich danke dem Kunstverlag Weingarten und Renate Kissel für ihre Ideen, ein Buch über die Kultur und die Küche der Mosel mit Bildern von Dieter Portugall herauszugeben, welches die typischsten Rezepte unserer Heimat bekannt macht.
Vieles mehr könnte man sicherlich sowohl über dieses Buch als auch über die Mosel sagen. Ich möchte jedoch lieber Sie – als Leserin oder Leser – bitten, daß Sie die Qualitäten des Buches und die Vorzüglichkeiten unseres Moseltales selbst herausfinden. Ich bin sicher, daß Sie von beiden nicht enttäuscht werden.

Dr. Eberhard Schulte-Wissermann
Oberbürgermeister der Stadt Koblenz

Die Mosel bei Thillot

Zu Gast an der Mosel

Eine Zeit-Reise auf der Mosel

Quis color ille vadis, seras cum propulit umbras
Hesperus et viridi perfundit monte Mosellam!
Tota natant crispis juga motibus et tremis absens
Pampinus et vitreis vindemia turget in undis.

All die Höhen baden in bewegtem Naß,
Die gespiegelten Weinberge wiegen sich
in Wellen und die reifen Trauben
schwellen in den gläsernen Fluten.

Dies ist nicht etwa ein Werbespot für den Weintourismus, sondern der Ausruf eines überschwenglichen Romantikers. Der Verfasser dieses Liedes reiste im Jahr 370 n. Chr. an die Mosel. Es war der Dichter, Gelehrte und Konsul in Trier Decimus Magnus Ausonius aus Burdigala, dem heutigen Bordeaux. Das Moselland und wahrscheinlich auch der ganz andere Wein als der seiner sonnenverwöhnten Heimat gefielen ihm so gut, daß er 20 Jahre in *Augusta Treverorum* – Trier verweilte, wo er das Erlebte in Versen festhielt.

Er war nicht der Erste, den es von fern an die Mosel zog. Das milde Klima der Mosel hatte schon längst vorher Menschen dazu bewogen, hier zu verweilen und seßhaft zu werden. Hier fanden sie alles, was sie zum Überleben brauchten. Wie Ausgrabungen sichtbar machen, wurden die Siedlungen auf den Höhen entlang des Moselufers angelegt, dies nicht nur, um dem mäandernden Fluß mit seinem unberechenbaren Hochwasser auszuweichen, sondern auch, um Überfälle besser abwenden zu können. Die Mosel blieb aber in erreichbarer Nähe und sorgte mit ihrem Fischreichtum für das leibliche Wohl.

Etwa 400 Jahre v. Chr. waren es die Kelten, die in dieser Region siedelten. Der Stamm der Treverer tat sich unter ihnen als geschicktes Reitervolk besonders hervor, wie der berühmte Gaius Julius Caesar in seinem Buch über den Gallischen Krieg berichtet. Seine Truppen besetzten bis 51 v. Chr. das Moselland, was den Anwohnern im Laufe der nächsten Jahrhunderte mehr Vor- als Nachteile gebracht hat. Dank der ausgezeichneten Ingenieurkunst sowie dem Organisationstalent der Römer bildete sich ein gewisser Wohlstand heraus. Vor allem verdanken die Moselaner den Römern die Kunst des Weinanbaus. Den Handel mit diesem bis auf den heutigen Tag berühmtesten Produkt der Mosellandschaft ermöglichte das ebenfalls von den Römern geschaffene Straßennetz, das Rom mit Metz, Trier und Mainz verband. Auch die Flüsse wurden als Transportwege genutzt. So bestand eine fast durchgehende Wasserstraße vom Mittelmeer bis zur Nordsee über die Rhône, Sayône, Mosel und Rhein. Massengüter wie Sand, Ton für Töpfereien, Steine für Kolossalbauten, Erze, Edelmetalle, Tuche, Getreide und natürlich auch Wein fanden in Kähnen, die gewöhnlich getreidelt, das heißt von den Uferpfaden aus von Pferden gezogen wurden, ihre Kunden. Der Handel blühte.

So unglaublich es heute klingen mag, im dritten nachchristlichen Jahrhundert wurde das westliche römische Reich von Trier aus, inzwischen *Treveris* genannt, regiert. Als jedoch Konstantin der Große 326 seine Residenz nach Byzanz, dem späteren Konstantinopel, verlegte, nahmen die Überfälle der Germanen auf die römerbesetzten Nordgebiete wieder zu. Franken und Alemannen fanden besonders Gefallen an der Moselregion, ebenso wenig später die Hunnen bei ihrem Durchzug durch das Moseltal. Sie wurden jedoch auf den Katalaunischen Feldern zwischen Châlons-sur-Marne und Troyes geschlagen und zum Rückzug gezwungen. Dem römischen folgte der fränkisch-merowingische Einfluß auf die Moselregion, die so erneut einen politischen wie geistigen Aufschwung erfuhr. Unter dem Frankenkaiser Karl der Große wird *Trier* zum Erzbistum erhoben mit den Unterbistümern Metz, Toul und Verdun. Der Weinbau erfährt eine intensive Wiederbelebung. Der bis heute erhalten gebliebene Brauch der Straußwirtschaften geht auf eine Verordnung Karls des Großen zurück.

Im Vertrag von Verdun erfolgt 843 die Teilung des Frankenreiches zwischen den Enkeln Karls des Großen. Lothar erhält die Kaiserwürde und Mittelfranken, Lotharingien genannt, Burgund, die Provence und Italien, Ludwig der Deutsche Ostfranken – Deutschland und Karl der Kahle Westfranken – Frankreich.

Im 10. Jahrhundert erlangen die Erzbischöfe von Trier auch die weltliche Macht. Mit Wiederaufbau der Stadt und Gründung von Klöstern, Klosterschulen und Werkstätten beginnt für diese Region die mittelalterliche Blütezeit. Fachwerkhäuser an verwinkelten Gassen prägen das Bild der Ortschaften entlang der Mosel. Viele wehrhafte Burgen erheben sich wachend darüber.

Der Dreißigjährige Krieg sowie auch der pfälzisch-französische Erbfolgekrieg unter Ludwig XIV. gehen nicht spurlos an der Mosel vorüber. Mit dem Einmarsch der französischen Revolutionstruppen unter Napoleon endet schließlich die Herrschaft der Fürstbischöfe. Die Mosel wird ein Teil Frankreichs, Trier die Hauptstadt des Département Saar und Koblenz die Hauptstadt von Rhin-et-Moselle. 1815 mit dem Wiener Kongreß wird das Moselland ein Teil der preußischen Rheinprovinz und die Mosel zwischen Schengen und Wasserbillig ein gemeinsamer Grenzfluß zwischen dem Großherzogtum Luxemburg und Deutschland. Weitere Kriegszeiten müssen noch überstanden werden, um zu der Erkenntnis zu gelangen, daß die Mosel mit allem Schönen, was sie zu bieten hat, die Völker nicht zu trennen sondern vielmehr zu verbinden berufen ist. Um solche Gemeinsamkeit zu bestärken, wird die Mosel in gemeinsamer Anstrengung kanalisiert und 1964 von den Staatsoberhäuptern und Regierungschefs Frankreichs, Luxemburgs und Deutschlands dem Schiffsverkehr übergeben. Damit wird der Güterverkehr mit Schiffen bis zu 1500 Tonnen auf 278 Stromkilometern zwischen dem Industriegebiet Thionville und dem Rhein bei Koblenz ermöglicht. In 14 Staustufen hat man eine Höhendifferenz von etwa 90 m überwunden. Mehr noch, die Mosel ist zugleich zu einem Symbol für ein Europa ohne Grenzen geworden, das zusätzlich durch ein Abkommen besiegelt wird, dem das Moselstädtchen Schengen seinen Namen gegeben hat.

Aus den Vogesen in den Rhein

La Moselle – D'Musel – Die Mosel durchzieht wie ein blaues Band das grüne Herz Europas. Sie entspringt im Süden der waldreichen Vogesen unterhalb des 1200 m hohen Petit Drumont. In der Nähe des Col de Bussang hat im Jahr 1965 der Künstler J. Gilodi der Moselquelle ein Denkmal gesetzt, das auf anschauliche Weise den Lauf der Mosel auf ihrem 550 km langen Weg bis zur Mündung in den Rhein bei Koblenz darstellt. In der Mitte ist ein steinernes „M“ angebracht, aus dessen Kerbe die Mosel sprudelt. Ein kleines Rinnsal wird bergab geführt, um anschließend einen

Weiher zu füllen. Zusammen mit anderen kleinen Zuläufen aus den Bergen durchfließt weiter unten schon ein ansehnliches Bächlein den malerischen Ort *Bussang.* In dem sich erweiternden Tal sucht sich die Mosel unaufhaltsam ihren Weg durch saftig grüne Wiesen. Steinbrücken verbinden die Ufer. Weiter schlängelt sie dahin durch Orte wie *St. Maurice* mit seinen Holzschnitzkünstlern, *Le Thillot,* wo eines der Kupferbergwerke aus dem 16. Jahrhundert der Lothringischen Herzöge zu besichtigen ist und *Rupt-sur-Moselle,* wo der Holzreichtum der Vogesenwälder industriell verarbeitet wird. Zwischen dem Städtchen *St. Étienne* und *Remiremont* – einer Klostergründung aus dem Jahre 620 – mit seiner Grande Rue und den schönen Arkaden aus dem 13. Jahrhundert gesellt sich der kleine Fluß Moselotte hinzu, bevor sich die Mosel nun in Richtung Norden in hügeligeres Gelände begibt. Die Monts Faucilles läßt sie links liegen – Berge, die die Quelle der Saône von der Mosel trennen, so daß vom Südwesten keine Verstärkung zu erwarten ist. Dort fließen alle Bäche nach Süden, um schließlich im Mittelmeer zu münden. In der fast unberührten Natur finden sich viele Thermalquellen, die Orten wie *Plombières-les-Bains, Bains-les-Bains, Contrexéville* und *Vittel* ihren Namen gegeben und wo schon die alten Römer Gesundheit und Erholung gesucht haben. In Plombières wurde 1814 der Romantik-Maler *Louis Français* geboren, dessen Werke im Museum von Plombières sowie in Épinal bewundert werden können. *Baudelaire* hat ihn einen Landschaftsmaler erster Klasse genannt.

Die bunten Bilderbögen von Épinal

Épinal, die Hauptstadt des Département des Vosges, ringsherum eingebettet in grüne Wälder, wird durch die Mosel in zwei Teile geteilt. Berühmt wurde die Stadt durch ihre volkstümlichen bunten Bilderbögen, die *Images d'Épinal.* Auch Heiligenbilder wurden gedruckt, um von Menschen gekauft zu werden, die sich von ihnen Schutz gegen Krankheiten und anderes Unheil erhofften und sie deshalb in Wohnhäusern und Kirchen aufhängten. Mit der Französischen Revolution stagnierte der Absatz dieser Bilder, bis Ende des 18. Jahrhunderts der Drucker und Verleger *Pellerin* in Épinal eine Werkstatt zur Herstellung von Märchenbilderbögen und der Darstellung zeitgenössischer Begebenheiten gründete. Künstlerisch geschnitzt, gedruckt und koloriert wurden die Blätter in alle Welt versandt. Noch heute wird in Épinal die herkömmliche Druckkunst gelehrt, und die alten Bilderbögen erzielen

inzwischen einen hohen Verkaufspreis. Man könnte sie als Vorläufer der heutigen Comicstrips ansehen.
Weiter flußabwärts erscheint die hügelige, liebliche Landschaft ganz so, wie *Claude Gellée,* genannt *Le Lorrain,* sie in seinen Bildern festgehalten hat. Sein Geburtshaus steht in *Chamagne.*
Der Canal de l'Est, von Épinal parallel zur Mosel verlaufend, stellt die Verbindung im Südwesten zur Saône und damit zum Mittelmeer her. Weiter nördlich bei Flavigny kreuzen einander beide Wasserstraßen in einem imposanten Bauwerk. Weil nun die Mosel sich ihren Weg mit einer weiten Schleife in westlicher Richtung um Nancy herum gesucht hat, ist die Hauptstadt des Département Meurthe-et-Moselle von schiffbaren Wasserwegen umgeben.

Nancy, die Stadt der lothringischen Herzöge

Sie birgt viele Geheimnisse, die es zu entdecken lohnt. Im Mittelalter bildete sich um die Burg des Herzogs Thiery II. ein Marktflecken, die heutige Altstadt. Sie erstreckt sich im Norden von dem Stadttor – Porte de la Craffe aus dem 14. Jahrhundert bis zum Ende der Grande Rue. Die ursprünglich befestigte viereckige Stadt wird heute im Osten durch den Stadtpark Parc de la Pépinière und im Westen vom Cours Léopold begrenzt. Der ehemalige Herzogspalast, das bedeutendste Profanbauwerk der Spätgotik in Lothringen, beherbergt das Musée Historique Lorrain. Ende des 16. Jahrhunderts entstand vor den Stadttoren eine Neustadt, etwa zwischen der Rue Saint Dizier und Rue Saint-Georges, mit den Stadttoren Porte St. Georges im Osten und Porte St. Nicolas im Süden.
Nach dem Polnischen Thronfolgekrieg wurde 1738 im Wiener Frieden Lothringen dem entthronten Polenkönig *Stanislas Leszczynski* unterstellt. Als Schwiegervater Ludwig XV. holte er zahlreiche Künstler an seinen Hof. Da seine Bauleidenschaft keine Grenzen kannte, verwirklichte er in einem enormen Bebauungsplan die Verbindung der Alt- und Neustadt im Rokokostil. Der von dem Baumeister *Emmanuel Héré* angelegte Place Stanislas mit seinen über 100 Metern Seitenlänge bildet das Herzstück. Fünf mit Balkonen und Laternen geschmückten Palais rahmen ihn ein. Das größte Gebäude ist das Hôtel de Ville, von dem der durchreisende Victor Hugo schreibt: „Das Rathaus ist eines der hübschesten, reich verziertesten und bezaubberndsten Rokokogebäude, die ich je gesehen habe." Die Platzecken verzieren

Côte de Toul Brouley

imposante vergoldete Kunstschmiedegitter im Barockstil von *Jean Lamour* und vollendet gestaltete Brunnen des Bildhauers *Barthélémy Guibal.* Dieser Platz wurde in die Liste der UNESCO-Kulturgüter aufgenommen. Cafés und Restaurants laden zum besinnlichen Betrachten ein.

Einen besonderen Kunstgenuß bietet das Musée de l'Ecole de Nancy im Südwesten der Stadt. Eine lose Künstlervereinigung, deren Ziel die Begründung und Entwicklung des lothringischen Jugendstils war, hatte sich in der ehemaligen und stilgerechten Villa ihres Mäzens *Eugène Corbin* etabliert. Hier sind einmalige Werke zu bewundern: Glasschöpfungen, Mobiliar, Schmuck des Multitalents *Emile Gallé,* sowie Skulpturen, Glasmosaikfenster, Keramikarbeiten und andere Arbeiten namhafter Künstler.

Nicht weit im Südosten von Nancy liegt der Ort *Baccarat.* Für die alte Glashütte, die im 19. Jahrhundert königliche und kaiserliche Höfe in aller Welt belieferte, arbeiten heute berühmte Designer.

Die Festungsstadt Toul

Nun aber wieder zurück an die Mosel, die um Nancy einen großen Bogen schlägt. Ab Neuves-Maisons, wo der Canal de l'Est sich mit dem Fluß vereinigt, können jetzt größere Schiffe verkehren. Hier, an dieser günstigen Stelle, hat sich ein Stahlwerk des lothringischen Industriegebietes angesiedelt. Die Eisenerze müssen heute jedoch auf dem Wasser- bzw. Schienenweg von auswärts angeliefert werden, weil die einheimischen Erze einen zu großen Phosphat- und einen zu geringen Eisenanteil besitzen und deshalb nicht mehr wirtschaftlich verhüttet werden können.

Die Festungsstadt *Toul* kann auf eine wechselhafte geschichtliche Vergangenheit zurückblicken; von dem im Mittelalter bedeutenden Bischofssitz und der freien Reichsstadt zeugen die gotische Kathedrale St. Étienne aus dem 13. bis 15. Jahrhundert und das Kloster St. Gengoult. Die alten Festungsmauern sowie die Porte de Metz des bekannten Festungsbaumeisters *Vauban* umschließen eindrucksvoll die Stadt.

Route du Vin et de la Mirabelle

Die Wein- und Mirabellenstraße umfaßt das Gebiet der Appellation Côtes de Toul, etwa hundert Hektar und erstreckt sich westlich von Toul. Die nach Süden und Osten ausgerichteten Weinberge liegen windgeschützt über der Mosel. Acht kleine Gemeinden, typische geradlinige Straßendörfer mit schönen traditionellen Häusern, teilen sich den Weinanbau und produzieren den blaßrosa würzig fruchtigen Vin gris de Toul aus der dunklen Gamay-Traube, den Pinot noir, einen kräftigen Rotwein sowie den Weißwein Pinot blanc bzw. Auxerrois, der sich durch ein fruchtiges Bukett mit leichtem Apfelaroma auszeichnet. Die Weine sind vorwiegend trocken.
Nicht zu übersehen sind in dieser Gegend die vielen Obstgärten mit den dominierenden Mirabellenbäumen, die im Mai in voller Blüte stehen. Sie verzaubern das Land mit betörendem Duft. Die goldenen zuckersüßen Früchte geben manchen lothringischen Speisen, Backwaren, Konfitüren, Süßwaren und natürlich auch Eaux de Vie ihr intensives Aroma.
Etwas moselabwärts beginnt mit dem schon 894 urkundlich erwähnten Städtchen *Liverdun* das Gebiet der lothringischen Eisen- und Stahlindustrie. Das Werk in *Pompey* lieferte die über 7300 Tonnen Stahl, die für den Bau des Eiffelturms zur Pariser Weltausstellung 1889 benötigt wurden.
Hier beendet die Mosel ihre Schleife und strebt in nördlicher Richtung *Pont-à-Mousson* zu, dessen Namensabkürzung *PAM,* weithin ein Begriff geworden ist, denn die meisten Kanaldeckel der Welt entstammen der Eisengießerei von Pont-à-Mousson. Älter und sehenswerter sind das bereits von den Römern auf dem Berg Mousson errichtete Kastell, die beeindruckende Abtei der Prämonstratenser, Abbaye de Prémontrés aus dem 8. Jahrhundert und die Kirche Saint Martin aus dem 14. Jahrhundert mit ihren Kunstschätzen.

Metz – 3000 Jahre Geschichte

Auf dem Weg nach Norden in das Metzer Land begegnet man bald einem ersten Bauwerk aus vergangenen Zeiten: ein römischer Aquädukt, der Metz mit Quellwasser von Gorze versorgte und von dem noch Teile in Ars-sur-Moselle und Jony-aux-Arches zu besichtigen sind. Derartige Monumentalbauten vermitteln einen Eindruck von der Größe, dem kulturellen Leben sowie der Wohnqualität, welche die Stadt einmal ausgezeichnet haben. So verfügte Metz über zahlreiche Thermen und ein Amphitheater für etwa 25.000 Zuschauer.

Metz, Zentrum des Département Moselle, ist seit 1972 auch die Hauptstadt der Région Lorraine. Sie liegt am Zusammenfluß von Seille und Mosel. Schon lange bevor die Römer 52 v. Chr. die Stadt eroberten, stand hier zwischen den Flüssen auf einer Anhöhe eine Festung der Kelten. Während der römischen Periode wuchs Metz zu einer bedeutenden Stadt an einem Kreuzungspunkt der Handelswege in Süd-Nord-Richtung: Mittelmeer–Trier–Nordsee und in West-Ost-Richtung: Reims–Straßburg. Die Stadt verdiente vor allem am Handel mit Keramik, Wein, Salz und Bausteinen. Um 275 n. Chr., inzwischen *Mettis* genannt, wurde sie Bischofssitz und im 6. Jahrhundert Residenz der Merowingerkönige, zugleich Hauptstadt des machtvollen Königreichs Austrasia. Der hl. Arnould, ein Vorfahr Karl des Großen, wurde im 7. Jahrhundert Bischof von Metz. Die St. Arnould Abtei pflegte die Kunst der Schrift sowie der farbigen Miniaturen und der Elfenbeinschnitzerei. Metz wurde eine Stadt der Kunst. 835 fand hier die Wiedereinsetzung Ludwigs des Frommen als Kaiser mit großem Prunk statt. Auch die Krönung Karls des Kahlen zum König von Lothringen erfolgte 869 im Dom zu Metz.

Im 10. Jahrhundert wurde Lothringen, mit Metz als seiner bedeutendsten Stadt, dem Heiligen Römischen Reich Deutscher Nation angeschlossen und gehörte mit Toul und Verdun zu den drei Bistümern, die dem Erzbistum Trier unterstellt waren. Im Jahr 1179 übertrug Bischof Bertram den Bürgern der Stadt die Rechte und Metz wurde eine freie Reichsstadt. 1552 ließ sich der König von Frankreich, Heinrich II. in Metz nieder und im Westfälischen Frieden wurde die Stadt endgültig Frankreich angeschlossen, allerdings mit kurzen Unterbrechungen von 1870 bis 1918 und während des 2. Weltkriegs. Nach so bewegter Vergangenheit zwischen den beiden Nachbarländern wurden in neuerer Zeit zwischen Metz und Trier eine freundschaftliche Städtepartnerschaft geschlossen.

La Cathédrale St. Etienne, der Stephansdom, überragt das Stadtzentrum und fällt schon von weitem ins Auge. Auf dem Gang durch malerische Straßen der Altstadt mit alten Bürgerhäusern steht man plötzlich vor dem beeindruckenden Bauwerk mit

zahlreichen Kirchenfenstern vom 13. Jahrhundert bis zur Gegenwart, die zu den größten Frankreichs gehören, darunter die herrlichen Fenster von *Marc Chagall.* Im Volksmund wird die Kathedrale auch Laterne Gottes genannt.
Kathedrale und Hôtel de Ville schließen einen weiten Platz, Place d'Armes – Paradeplatz ein. Ursprünglich befanden sich an dieser Stelle Kapellen, Klöster und Wohnungen des Domkapitels. Im Zuge einer Modernisierung ließ der Gouverneur Ludwigs XV., Herzog von Belle Isle, alles abreißen und beauftragte den Baumeister *Blondel* 1701 bis 1771 mit der Neugestaltung des Platzes. Das Rathaus steht ganz im Gegensatz zur Kathedrale im klassizistischen nüchtern gewaltigen Stil und verkörpert das militärische Gewicht, das die Stadt im 18. Jahrhundert prägte. Rechts vom Rathaus wird der Platz begrenzt vom Hôtel du District, früher Gardecorps, das die militärische Macht des Königs darstellt, gegenüber das frühere Parlament, das für die gerichtliche Macht steht.
Der Domplatz dahinter sollte seinen Abschluß parallel und baugleich mit dem Bischofspalast und dem Parlament finden, aber die französische Revolution war schneller, und so entstand aus den Mauern eine profane Markthalle. Das Parlament wurde zu Wohneinheiten umfunktioniert. Das im 13. Jahrhundert erbaute Herrschaftshaus St. Livier in der Nähe gehörte der reichen Patrizierfamilie Gournay, ein gutes Beispiel italienischer Architektur mit einem aufstrebenden Turm und Zinnen. Zur gleichen Zeit wurde im Inselviertel, von Mosel und Seille umschlossen, die Place de la Comédie großzügig gestaltet. Das Theater in der Mitte der Gebäude gilt als das älteste Frankreichs.
Saint-Pierre-aux-Nonnains, das älteste Gebäude von Metz, birgt römische, romanische und gotische Elemente in sich, und damit mehr als 1000 Jahre Baugeschichte. Im 4. Jahrhundert als weltliche Basilika errichtet, dann im 7. Jahrhundert durch die hl. Waldrée zu einem Benediktinerinkloster erweitert, um schließlich im 16. Jahrhundert in die Befestigungsanlagen integriert zu werden, dem sogenannten Zitadellenviertel. Aus dem französischen Garten mit seinen Skulpturen von Künstlern der Metzer Schule kann man übrigens einen herrlichen Blick auf das Moseltal und den St. Quentinberg genießen.
Das sogenannte kaiserliche Viertel wurde während des deutschen Anschlusses um die Jahrhundertwende im neoromanischen Stil komplett mit allen öffentlichen Erfordernissen geplant und erbaut. So entstand ein harmonischer Übergang von den relativ kleinen Häusern im Stil Ludwig XV., der Rue de rempart Saint Thiébault zur Neustadt. Mittelpunkt dieses Viertels ist der imposante Bahnhof.
Metz, der größten Stadt Lothringens, mit bedeutendem Einkaufszentrum, fehlt es nicht an Innovation. Dafür steht der östlich der Stadt angelegte Technopôle Metz 2000. Verläßt man die Altstadt durch das wehrhafte Tor Porte des Allemands aus

dem 13. bis 15. Jahrhundert, so erreicht man schnell das von weiten Grünanlagen, Seen sowie Wald – Bois la Macabee und Golfplatz umgebene Zentrum. Es ist eine futuristisch angelegte Begegnungsstätte von Universität, Industrie und Forschung. Nach all den anstrengenden Besichtigungen wäre es jetzt wohl an der Zeit für eine erholsame Pause. Dazu bieten sich viele Möglichkeiten von Spaziergängen durch Grünanlagen oder entlang der malerischen Ufer von Mosel und Seille an. Zur Stärkung laden viele Restaurants ein, wie beispielsweise im Inselviertel *Restaurant Maire;* Gerichte, modern oder traditionell mit frischen Produkten der Region zeichnen die Küche von Yves Maire aus. Dazu hält er eine reichhaltige Auswahl bester Weine Frankreichs bereit.

Restaurant Maire in Metz

Spanferkel in Gelee nach Metzer Art
Cochon de lait en gelée à la Messine

Das Gemüse waschen und zerkleinern. Die Zwiebeln abziehen und mit den 3 Knoblauchzehen spicken. Das Spanferkel in einen großen Topf mit kochendem Wasser geben, einige Minuten aufwallen lassen, herausnehmen und mit frischem Wasser abspülen. Den Topf leeren. Das Spanferkel erneut mit den Gemüsen, Salz und Pfeffer hineingeben. Wein und genausoviel Wasser hinzugießen. 2 bis 2½ Stunden bei mäßiger Temperatur garen lassen und häufig begießen. Anschließend vom Herd nehmen.

Währenddessen das Gemüse zum Klären vorbereiten und kleinschneiden. Das Fleisch fein hacken oder durch den Fleischwolf drehen. Das Eiweiß mit Gemüse und Fleisch vermischen und in einen Topf geben. Den Fond vom gegarten Spanferkel darübergießen und die eingeweichte Gelatine zufügen. 40 Minuten köcheln lassen und abschmecken. Den geklärten Fond zur Seite stellen. Das Spanferkel später damit bestreichen.

Das Gemüse für die Dekoration vorbereiten und mit Kräutern auf Portionsstellern oder Schalen dekorieren.

Ersatzweise können auch 2 Schultern ohne Knochen und 2 kg Kotelettfleisch genommen werden. Dann wird das gegarte Fleisch in Scheiben geschnitten und auf die Portionsteller gegeben und mit dem Fond begossen. Bis zum völligen Erstarren kaltstellen und servieren.

Für 6–8 Personen

Zum Garen des Spanferkels:
3 Paprikaschoten, ½ Sellerieknolle, 5 Karotten, 6 Zwiebeln, 3 Knoblauchzehen, 1 küchenfertiges Spanferkel von 10–12 kg, Salz, Pfefferkörner, 1 Flasche Auxerrois von der Mosel

Zum Klären:
1 Karotte, 2 grüne Paprikaschoten, 1 Stück Sellerie, 250 g mageres Rindfleisch, 8 Eiweiß, 10 Blatt Gelatine für 1 Liter Fond

Für die Dekoration:
1 Paprikaschote, 1 Karotte, 2 Tomaten, 1 Bund Petersilie

Das Restaurant *A la Ville de Lyon* von Monsieur Michel Vaur gleich hinter der Kathedrale ist für gute lothringische Küche bekannt.

Restaurant A la Ville de Lyon, 7, rue des Piques, F-57000 Metz

Ententerrine
Terrine de Canard Maison

1 küchenfertige Ente von 1,5 kg Gewicht, 3 Schalotten, 1 Bund Petersilie, 1 Flasche trockener Mosel-Riesling, 600 g mageres Schweinefleisch, 200 g Kalbfleisch, Salz, Pfeffer, Pastetengewürz, Thymian, 2 Lorbeerblätter, Bouillon

Die Ente von den Knochen lösen, vom Fett befreien und die Haut entfernen. Die Schalotten abziehen und fein würfeln. Die Petersilie hacken. Das Fleisch 24 Stunden im Weißwein mit Schalotten und Petersilie marinieren. Die Entenschenkel mit dem Schweine- und Kalbfleisch kleinhacken beziehungsweise durch den Fleischwolf geben und mit Salz, Pfeffer, Pastetengewürz und Thymian abschmecken. Die Entenbrust in kleine Stücke schneiden und unter das gemahlene Fleisch geben. In eine Pastetenform füllen, mit den Lorbeerblättern belegen und in den auf 180 °C vorgeheizten Backofen im Wasserbad etwa 2 Stunden garen lassen. Die Entenknochen in einer Bouillon kochen und diese stark reduzieren.

Die Ententerrine aus dem Backofen nehmen, mit der reduzierten Bouillon übergießen und mit einem Gewicht beschweren. Für 24 Stunden in den Kühlschrank stellen.

In der Nähe des Bahnhofs ist die *Brasserie Flo* schnell zu erreichen. In einem gepflegten Ambiente mit Charme und Eleganz der Originaleinrichtung aus der Zeit Napoleons III. kann jeder Gast etwas nach seinem Geschmack finden.

Brasserie Flo, 2, rue Gambetta, F-57000 Metz

Schokoladenkuchen aus Metz
Le gâteau au chocolat de Metz

4 Eier, 150 g Puderzucker, 200 g dunkle Schokoladenkuvertüre, 1 EL gekochter Kaffee oder Espresso, 2 EL Mehl, 150 g Butter, 100 g Mandelmehl

1. Eiweiß und Eigelb trennen. Das Eigelb in ein Gefäß geben und den Puderzucker hinzufügen. Mit dem Schneebesen so lange schlagen, bis die Masse weiß ist. Die Schokolade in kleine Stückchen teilen, in einen Topf geben, den Kaffee hinzufügen und diesen Topf in einen größeren stellen, der zur Hälfte mit Wasser gefüllt ist, so daß die Schokolade schmelzen kann.
2. Die geschmolzene Schokolade mit dem geschlagenen Eigelb vermischen und das Mehl unter Rühren hinzugeben. 125 g weiche Butter mit dem Mandelmehl vermischen und zusammenfügen. Wenn die Mischung homogen ist, das Eiweiß steifschlagen und vorsichtig unterheben.
3. Eine Form buttern, den Ofen auf 220 °C vorheizen. Die Masse in die Form füllen und glattstreichen. Etwa 20 Minuten backen. Eine Nadelspitze hineinstechen. Diese braucht nicht, wie sonst, im klassischen Test, trocken herauskommen.

Den Kuchen außerhalb des Ofens auskühlen lassen, aus der Form nehmen und kalt mit Aprikosen oder Himbeeren servieren.

Eine andere Möglichkeit, Schokoladenkuchen herzustellen ist es, 250 g weiche Butter und genau so viel geschmolzene Schokolade zu vermischen und 4 Eigelbe, 250 g Zucker, 1 EL Mehl und das geschlagene Eiweiß unterheben.

Etwas außerhalb in Richtung Technopôle findet man das Restaurant *Le Crinouc.* Auserlesene Speisen bei einer enormen Vielfalt gepflegter Weine lassen einem die Wahl zur Qual werden.

Restaurant Le Crinouc, 79–81, rue du Genéral Metman, F-57000 Metz

Aumoniere de Mirabelles

Mirabellen, Butter, Mirabellengeist, Konditorcreme, pro Person 1 Brickblatt, Mirabellenkompott, Zucker, frische Früchte wie Himbeeren, Maulbeeren, Kiwi und Erdbeeren, Bergamotte-Eis

Die Mirabellen waschen, entsteinen und halbieren. Die Mirabellen mit etwas Butter in einen Topf geben, mit Mirabellengeist übergießen und flambieren. Etwas abkühlen lassen und vorsichtig mit der Konditorcreme vermischen. Die Brickblätter ausbreiten und die Mirabellencreme in die Mitte geben und verschließen. Auf ein mit Butter bestrichenes Blech legen und 8 Minuten im Ofen backen.
Währenddessen Mirabellenkompott, etwas Wasser und Zucker köcheln lassen und durchseihen. Die Dessertteller so nappieren, daß ein Spiegel entsteht. Mit frischen Früchten dekorieren und die Bricktaschen in die Mitte des Tellers plazieren.
Zum Schluß das Bergamotte-Eis hinzufügen, um an Lothringen zu erinnern.

Metz ist eine erlebenswerte Stadt, die es sich lohnt, öfter einmal wieder zu besuchen, vielleicht im August oder September, wenn das traditionelle Mirabellenfest stattfindet.

Das Land des Eisens

Nachdem wir Metz verlassen haben, folgen wir der Mosel durch die Landschaft, die *Pays de Fer* genannt wird. Hochöfen, Stahlwerke und Großrohrleitungen bestimmen das Bild, und doch gibt es versteckt viele malerische Orte, die ihren ländlichen Charakter bewahrt haben. *Thionville,* die moderne Industriestadt verbirgt einen alten Ortskern. Mächtige alte Bäume säumen die Uferbefestigung der Mosel. Hier steht die *Tour aux Puces,* der viereckige Flohturm der mittelalterlichen luxemburgischen Befestigungsanlage.

Rodemack

RODEMACK

Das Tor zu Frankreich

Nachdem die Mosel ihren Lauf in Richtung Nordosten genommen hat, windet sie sich elegant mit einigen Schleifen durch hügeliges Land. Es bleibt aber noch genug Platz für etliche Industrieunternehmen, die hier um *Cattenom* angesiedelt viele Arbeitsplätze bieten. Einen kurzen Abstecher sollte man allerdings auf keinen Fall versäumen: *Rodemack,* das Carcassonne des Nordens, hat seine mittelalterliche Ursprünglichkeit bewahrt.

Von *Gavisse* ab begleiten Weinberge die Mosel bis zur Mündung in den Rhein, ein in aller Welt bekanntes Weinanbaugebiet. Die Häuser der anliegenden Winzerorte haben das Flair von Winzerdörfern.

Bevor die Mosel Frankreich verläßt, wird sie zu einer großen Schleife gezwungen. An diesem strategisch wichtigen Punkt hatten schon die Römer zum Schutz des Osthandelsweges ihr Kastell *Circum castellum* errichtet. Das mittelalterliche Städtchen im Schutz einer starken Festung nannte sich daraus abgeleitet Sierck. Die im 11. Jahrhundert erbaute Burg diente den Herzögen von Lothringen zeitweise als Residenz. Besonders zu erwähnen ist Arnold VI, der Alte, der 1419 das großartige Schloß *Le Château de Mensberg* in Manderen errichten ließ. *Sierck-les-Bains* ist mit seinen winkligen Gassen einen Besuch wert. Im Restaurant *La Vieille Porte* kann man sich mit traditionellen Gerichten des Département bei exzellentem Moselwein stärken.

Sierck-les-Bains könnte man das Tor zu Lothringen, und damit zu Frankreich, nennen. Ob zu Fuß, mit dem Fahrrad oder Mountainbike bzw. auf dem Rücken eines Pferdes, kann ein 1994 eingerichtetes Naturschutzgebiet von über 100 Hektar Größe erholsam oder sportlich erkundet werden. Dabei sind eine große Zahl seltener Orchideenarten zu entdecken. Als Ziel bietet sich das *Château de Mensberg,* auch *Château de Malborough* genannt, in *Manderen* an. Am Fuß des Berges liegt in dem kleinen Ort Manderen das Hotel-Restaurant Au Relais du Château Mensberg. Die Familie Schneider sorgt für eine herzliche Atmosphäre in einem gediegenen Haus. Mit seinem Ambiente, gemütlichen Sitzecken und Kamin bietet das Restaurant alles, was man zur Stärkung nach einer großen Wanderung braucht. Hier kann man die lothringische Küche mit besten Weinen, besonders der Region Mosel genießen. Dabei werden frische Produkte der Gegend bevorzugt.

Relais du Château Mensberg, 15, rue du Château, F-57480 Manderen

Hausgemachte Entenleberpastete

Die Leber säubern. Mit Salz, Pfeffer und Cognac würzen und mit Muskateller verfeinern. Alles mischen und mindestens 2 Stunden kühlen. In eine Terrine füllen. Mit Enten- oder Gänsefett 1 cm dick bestreichen. Im Wasserbad etwa 10 Minuten bei 110 °C im Backofen garen. Kalt servieren.

Mariniertes Ferkel auf Sauerkraut

Kleingeschnittenen Lauch, zerdrückten Knoblauch und gehackte Schalotten, Salz, Pfeffer, Muskatnuß, Senf, Thymian und Rosmarin mit Olivenöl verrühren. Noch besser in den Mixer geben. Das Ferkel innen und außen damit bestreichen und 24 Stunden kühl stehen lassen. Bei 180 °C im Backofen backen. Das Sauerkraut garen, das Ferkel auf das Sauerkraut geben und mit Weinbrand flambieren.
Als Beilage Bratäpfel und Lothringer Kartoffeln.

Flambierte Mirabellen

Butter in eine Pfanne geben. 4 gestrichene Eßlöffel Zucker zufügen und hellbraun karamellisieren, 4 Dutzend vorgekochte Mirabellen dazugeben. Bei ständigem Rühren gut erhitzen und mit Mirabellenschnaps flambieren.
Etwas von dem Mirabellensaft zufügen und nochmals kurz erhitzen.
Heiß mit Vanilleeis servieren.

Ganz in der Nähe in *Apach* befindet sich der Bauernhof *Fromage Fermier de Chèvre.* Ein Besuch bei Paul und Barbara Hammes lohnt sich. Sie halten eine große Herde Ziegen der alpinen Rasse. Ihre Spezialität ist ein Ziegenkäse von exzellenter Qualität à la Ferme de Belmach. Nach ausgiebigen Speisen bekommt ein Liqueur de Mirabelle der bekannten Destillerie *Artisanale, Eaux de Vie et Liqueurs de Lorraine von Jean Marie Leisen* in Petite-Hettange besonders gut.

In *Montenach,* einem kleinen verschwiegenen alten Dorf, eingerahmt von sieben Bergen, lädt das Restaurant *Auberge de la Klauss* mit seiner reichhaltigen Auswahl landestypischer Gerichte zur Rast ein.
Auch kann man hier seinen Proviant mit typisch Hausgemachtem wie zum Beispiel der terrine de canard, einer Pastete aus Entenleber, aber auch von Reh, Wildschwein, sowie spezialgeräuchertem Schinken und mit vielem anderen mehr bis hin zu den Weinen der Region, ergänzen.

Château Mensberg

Vom Dreiländereck zur Zweiländermosel

Seit 1816, im Aachener Vertrag zwischen Preußen und dem Königreich der Niederlande festgeschrieben, gilt die Mosel als gemeinsamer Fluß, das heißt die luxemburgische Grenze verläuft am deutschen Ufer und die deutsche Grenze am luxemburgischen Ufer. Ein erster Ansatz zum europäischen Gedanken? Doch immerhin wurde 169 Jahre später am 14. Juni 1985 an dieser Stelle in Schengen der Grundstein für ein Europa ohne Grenzen gelegt. Heute erinnern an diesen historischen Tag eine Bronzeplatte und ein Denkmal an der Anlegestelle, wo die *M. S. Princesse Marie-Astrid* festgemacht hatte, um das Vertragswerk durch die Vertreter der Länder BeNeLux, Frankreich und Deutschland zu unterzeichnen.

Von der Europabrücke aus kann man mit einem Blick drei Länder erfassen: im Süden Frankreich, auf der rechten Moselseite Deutschland mit *Perl,* dem einzigen saarländischen Winzerort an der Mosel, und auf der linken Moselseite das Großherzogtum Luxemburg. Der kleine, doch historische Ort *Schengen* liegt eingerahmt vom Stromberg im Süden und dem Markusberg auf der anderen Seite. Sein Schloß ziert heute viele Weinetiketten mit der Bezeichnung Château de Schengen. Die Zeichnung stammt vom fanzösischen Schriftsteller *Victor Hugo,* der sie als Dank für die Übernachtung im Schloß hinterlassen hatte. Der massive Rundturm stammt von einer Wasserburg aus dem 13. Jahrhundert, 1812 ließ der damalige Besitzer *Jean-Nicolas Collart* anstelle der alten Gebäude ein neues Schloß im klassizistischen Stil errichten, das heute im Besitz des Ordens der Elisabetherinnen ist. Mit viel Liebe wurde ein altes herrschaftliches Haus, das Koch-Haus, von 1779 am neuen Europaplatz restauriert. Es steht Festveranstaltungen, Seminaren und Versammlungen europaweit zur Verfügung. Die Winzerorte *Schengen, Remerschen* und *Wintringen* bilden eine Gemeinde. In dem modernen funktionalen Bezirksgemeinde-Rathaus steht man Innovationen positiv gegenüber. So wird eine enge Zusammenarbeit mit benachbarten Gemeinden auf der anderen Moselseite angestrebt. Viele Wanderungen auf ausgeschilderten Pfaden oder Radtouren entlang der Mosel kann man hier unternehmen und dabei immer wieder herrliche Ausblicke genießen. Die Gegend von *Perl* war schon lange vor der keltischen Zeit besiedelt. Erste urkundliche Erwähnungen stammen aus dem 9. Jahrhundert. Die Kirche mit dem alten romanischen Turm wurde im 15. Jahrhundert errichtet. Bemerkenswert ist das 1733 vom Trierer Domkapitel erbaute barocke *Hofhaus*-Palais von Nell mit schönen Parkanlagen.

In der letzten Oktoberwoche finden Wein- und Kellerfeste statt, denn hier in Perl beginnt die deutsche Wein-Route. Auf der gegenüberliegenden Moselseite ist es die *lëtzebuergesche Waistrooss.* Die Bürgermeister beiderseits der Mosel planen Volksfeste in Zukunft gemeinsam zu gestalten. Eigentlich beginnt die luxemburgische Weinstraße schon in dem schönen *Mondorf-les-Bains* am Altbach, der der Mosel zustrebt. Ein Ort, von der Natur begünstigt, liegt er in einem Hügelland mit Weingärten und ist durch Waldungen gegen den kalten Ostwind geschützt. Zum Bad wurde es, nachdem man Anfang vorigen Jahrhunderts nach Salzlagern forschte und bei Bohrungen dann auf die Thermalquellen stieß. Während der Belle Époque war Mondorf bei bekannten Persönlichkeiten sehr beliebt. Victor Hugo, Maurice Ravel, Arthur Rubinstein, Jean Monnet und viele mehr zählten zu den Besuchern. Das Bad erfreut sich heute immer noch großer Beliebtheit, ist doch die Entfernung zu Luxemburg Stadt nicht weit.

Ob mit dem Fahrrad oder mit dem Auto, man braucht nicht lange, um das Moseltal zu erreichen. Dann flußabwärts hinter *Wintringen* erreicht man den kleinen Winzerort *Schwebsingen.* Eine alte Kelter im Dorfkern aufgestellt, weist auf den Haupterwerbszweig der Bewohner hin. Vor den Stufen zu der Kirche aus dem 15. Jahrhundert steht der bekannte Weinbrunnen, der zum traditionellen Weinfest am ersten Sonntag im September statt Wasser Wein gratis spendet. Nach einer ausgedehnten Wanderung durch die Weinberge kann man es sich im Restaurant *La Rotonde* schmecken lassen, vielleicht mit einer *Friture de la Moselle,* kleine knusprige in Öl gebackene Moselfische zu einem Glas guten trockenen Rieslings. Das benachbarte *Wellenstein* ist Sitz der größten Kellereigenossenschaft der luxemburgischen Mosel. Vom 1. Mai bis 31. August kann man die Kellerei besichtigen und natürlich auch *pröbeln,* das heißt kosten. Nach *Bech-Kleinmacher,* das zur Gemeinde *Wellenstein* gehört, führt ein schöner Weg durch Weinberge. Als Abschluß lädt das interessante Wein- und Folkloremuseum *A Possen* zum Besuch ein.

Das *remacum* der Römer, heute *Remich* genannt, war seit altersher ein bedeutendes Fischer- und Schifferstädtchen. Als Kantonalhauptort ist es zugleich Verwaltungszentrum wichtiger Weinbauinstitute. Ein kleiner Spaziergang durch die engen verwinkelten Gassen läßt die Vergangenheit wieder aufleben. Im Mittelalter Hauptort einer Vogtei, wurde der Ort im Dreißigjährigen Krieg zerstört und später wieder aufgebaut. Das malerische St. Nikolaus-Tor der mittelalterlichen Stadtbefestigung, die 1867 geschleift wurde, bietet ein schönes Fotomotiv. Am Moselufer laden Cafés und Restaurants zum Verweilen ein. Flußabwärts erreicht man die bekannte Sektkellerei St. Martin.

100 Jahre bevor die Römer ganz Gallien erobert hatten, bauten die Kelten bei *Stadtbredimus* bereits eine Brücke über die Mosel. Das Schloß dieser kleinen Stadt, urkundlich erstmals 1607 erwähnt, wurde in den Jahren 1647 und 1692 durch die Franzosen zerstört und nach 1724 im heutigen Zustand neu errichtet. 1802 kaufte die Familie de la Fontaine das Schloßgut. Ein Nachkomme dieser Familie war *Edmond*

de la Fontaine, der luxemburgische Nationaldichter, genannt Dicks. 1867 übernahm er das Bürgermeisteramt von Stadtbredimus. Heute ist das Schloß Sitz der Vereinigten Winzergenossenschaften *Vinsmoselle S. C.* sowie der Weinbruderschaft St. Kunibert, die sich der Förderung des luxemburgischen Weins in Verbindung mit Kultur und Kunst verschrieben hat. Bekanntlich hat sich die Mosel in Jahrmillionen ihr Bett durch das Muschelkalkgebirge gegraben. Daher waren in *Greiveldingen* noch bis zum Anfang des 20. Jahrhundert Kalkbrennöfen im Betrieb. Der Ort liegt etwas abseits der Mosel, dafür aber idyllisch von Weinbergen umschlossen.
Der nächste Winzerort moselabwärts, *Ehnen* mit seinen prunkvollen Patrizierhäusern, zählt zu den schönsten Dörfern an der Mosel. Interessant ist das gut ausgestattete Weinmuseum. Es liegt direkt am Moselufer. Eine Pause könnte man nutzen, um in dem gemütlichen Bamberg's Hôtel-Restaurant mit Tradition die verdiente Mahlzeit einzunehmen.

Bamberg's Hôtel-Restaurant, L-5416 Ehnen

Flußkrebse auf Luxemburgische Art

Von Mai bis Ende August
Wein, Gemüse, Kräuter und Haxe 2 Stunden kochen, ab und zu etwas Wasser hinzugeben und durch ein feines Sieb passieren. Flußkrebse gut waschen und im Gemüse-Weinsud 5 Minuten kochen lassen. Vor dem Servieren die Butter einrühren und mit reichlich Pfeffer aus der Mühle würzen. Mit Petersilie, Estragon und Dill dekorieren und sehr heiß servieren.

2 Liter Elbling (herber Moselwein), 4 Zwiebeln, 3 Möhren, 1 Bund Estragon, Liebstöckel und Petersilie, 1 kleine geräucherte Haxe, 24 Stunden gewässert um zu Entsalzen, 36 lebende Flußkrebse, zerkleinerte Pfefferkörner, 250 g frische Butter, 1 Bund Dill

Wachteln im Blätterteig auf Winzerinnen Art

Die Wachteln entbeinen und die Innenseite mit Salz und Pfeffer würzen. Gänseleber, Rosinen und Brotwürfel auf die 4 Wachteln aufteilen und diese mit leichtem Druck kugelförmig zusammenrollen. Den Blätterteig 2–3 cm dick ausrollen und in acht Kreise von etwa 15 cm Durchmesser ausstechen. Die Wachteln in jeweils zwei Teigteile einhüllen. Ei und Milch verrühren und den Blätterteig damit bestreichen. Mit Sesamkörnern bestreuen, im Ofen bei 200 °C backen.
Portwein und Madeira zur Hälfte einkochen lassen, Geflügelfond und Trüffel hinzugeben, aufwärmen und die Butterflocken einrühren.
Wachteln auf Tellern anrichten, Trüffelsauce verteilen und mit in Butter gedünsteten Trauben dekorieren. Hierzu reichen wir Kartoffelreibekuchen.

4 Wachteln à 150 g, Salz, Pfeffer, 80 g Gänsestopfleber, 20 g Rosinen in Trester eingelegt, 30 g in Butter geröstete Brotwürfel, 300 g Blätterteig, 1 Eigelb, 1 EL Milch

Trüffelsauce:
40 ml Portwein, 40 ml Madeira, 150 ml Geflügelfond, 25 g fein geschnittene Trüffel, 30 g Butter, 200 g Trauben

Wormeldingen ist anerkannt das Zentrum des luxemburgischen Weinanbaus mit seinen 360 Hektar Weinbergen. Die Koeppchen ist zweifellos eine der besten Weinlagen, zu erkennen an der kleinen Kapelle. Bedingt durch den Muschelkalkboden und die Südhanglage reifen hervorragende Rieslingweine. Jedes Jahr am ersten Donnerstag nach Pfingsten findet hier der Wormeldinger Weinmarkt statt. Eine Gelegenheit zum Pröbeln bietet der Riesling-Tag am ersten Samstag im August in der *Wäistuff,* eine gemütliche Weinstube der Genossenschaftskellerei, die von Anfang April bis Ende Oktober geöffnet ist. Die *Crémants Poll-Fabaire, Luxembourg* können sich durchaus mit dem Champagner messen. Außer Frankreich ist Luxemburg das einzige Land der europäischen Gemeinschaft, das die Bezeichnung Crémant verwenden darf.
Der kleine Winzerort *Ahn* ist für seine gastronomischen Spezialitäten bekannt. Hier kann man gut Rast machen und die gepflegte Küche des Restaurant Mathes probieren. Es liegt idyllisch mit Blick auf die Mosel und einer Gartenterrasse mit Teich.

Restaurant Mathes, 37, route du Vin, L-5401 Ahn

Hecht in Rieslingsahne

4 Schalotten, 100 g Butter, ½ Liter trockener Weißwein (Riesling), 100 g geräucherter Speck, 1 Hecht von 2 kg (geputzt und ausgenommen), Zitronen, Salz, Pfeffer, wenig Mehl, 2 Liter flüssige Sahne (36 % Fett), Petersilie

Zum Garnieren:
Zitronenscheiben

Als Beilage: *Kartoffeln oder Kartoffelpüree, nach Belieben Blätterteighalbmonde*

Die kleingehackten Schalotten in etwas Butter andünsten, mit knapp der Hälfte des Weins ablöschen und einkochen. Den mit Speck gespickten Hecht mit Zitrone einreiben, salzen und pfeffern, mit Mehl bestäuben und mit den eingekochten Schalotten füllen. In einer, der Form des Hechts angepaßten Bratpfanne den Fisch mit wenig Butter auf beiden Seiten leicht anbraten. Mit dem restlichen Wein, der Sahne und etwas Zitronensaft übergießen, mit Salz und Pfeffer würzen. Im vorgeheizten Backofen (200 °C) während einer halben Stunde garen.
Regelmäßig den Hecht mit der Sauce begießen.
Während dieser Zeit bereitet man etwas Kartoffelpüree oder Salzkartoffeln zu; diese werden als Beilage gereicht.
Den Hecht auf einer geeigneten Platte anrichten. Garnieren kann man ihn mit Zitronenscheiben, Petersilie sowie Halbmonden aus Blätterteig. Zum Verfeinern der Sauce kann man diese durch ein Sieb passieren und mit Salz und Zitronensaft abschmecken.

Blick in einen Weinkeller

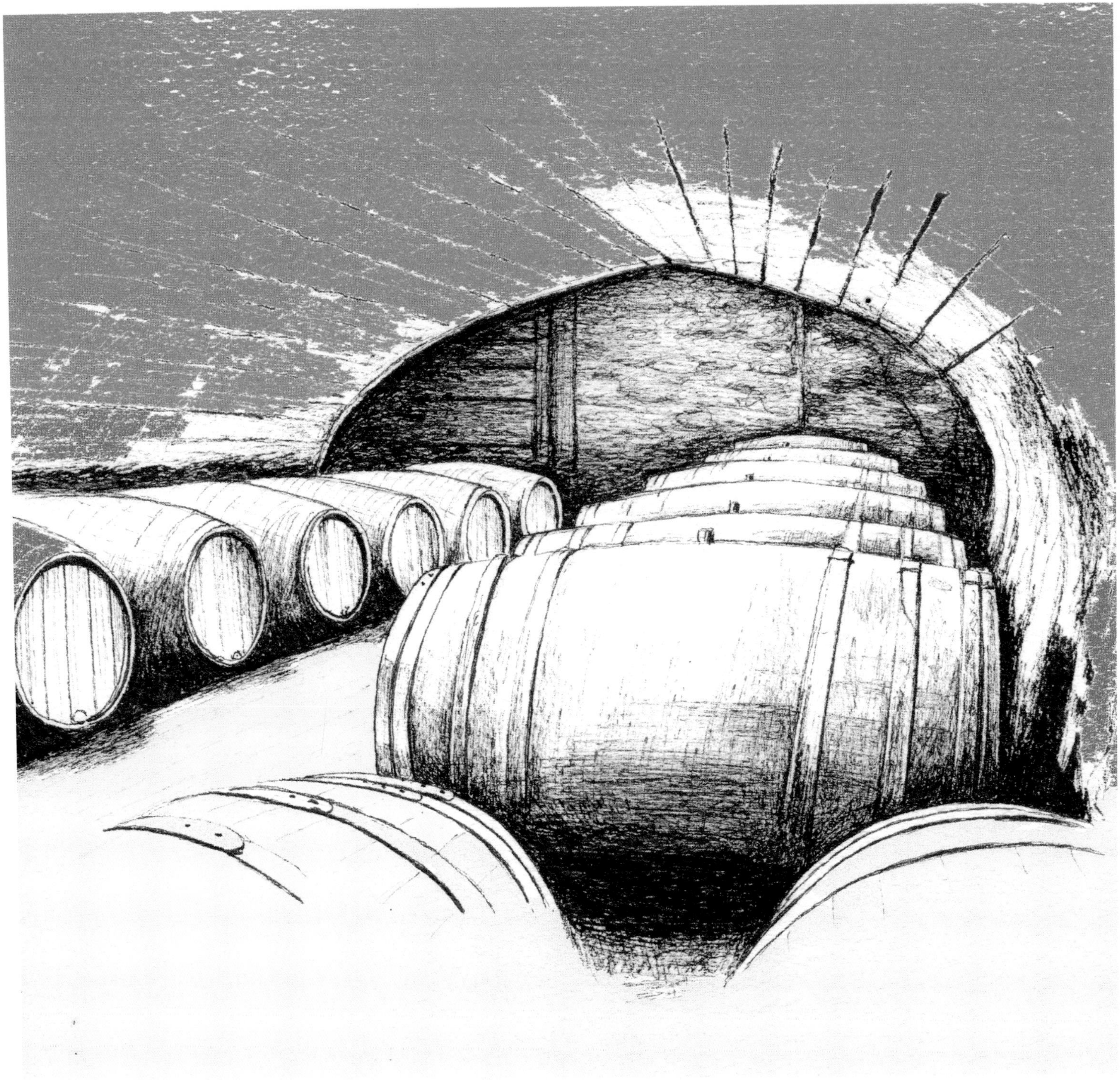

Von *Ahn* führt ein schöner Wanderweg über die Deisermühle zum nächsten Winzerort *Machtum.*

Grevenmacher, die Metropole der Luxemburger Mosel, ist zugleich auch Sitz der ältesten Luxemburger Genossenschaftskellerei *Vinsmoselle.* Alljährlich findet am Gründonnerstag ein Weinmarkt statt. Am zweiten Septemberwochenende wird das traditionelle Wein- und Traubenfest mit folkloristischem Umzug gefeiert. Die Altstadt mit ihren schmalen Gassen, Überresten der Stadtmauer und dem historischen Wachturm läßt vor unserem Auge die Vergangenheit wieder erstehen. In die lebendige bunte Gegenwart wird man versetzt, wenn man den einmaligen Schmetterlingsgarten betritt.

Der kleine Winzerort *Mertert* mit seinem schönen Schloßpark ist Ausgangspunkt für Wanderungen zu den romantischen Schluchten der *Syr,* einem Nebenfluß der Mosel. Der Moselhafen von Mertert wurde im Zuge der Kanalisierung neu gebaut. Er ist Luxemburgs einziger Hafen für den Umschlag von Massengütern, wie Stahl, Eisenerze, Kohle und Erdölprodukten.

An der Mündung der aus den Ardennen und Eifel kommenden *Sauer* in die Mosel liegt *Wasserbillig.* Schon die Römer benutzten beide Flüsse als Transportwege. Sehenswert sind die Pfarrkirche mit einem Barockaltar aus der Abtei Bernkastel und das Freizeitzentrum mit einem großen Aquarium mit allen in der Mosel und Sauer vorkommenden Fischarten.

Ab hier setzt die Mosel ihren Lauf auf deutschem Gebiet fort. Damit endet hier auch die luxemburgische Weinstraße, und mit dem modernen Ausflugschiff M. S. Princesse Marie-Astrid können wir unseren Moselausflug fortsetzen.

Weine und Sekte der Luxemburger Mosel

Die Weinlagen entlang der Mosel zwischen Schengen und Wasserbillig lassen auf einer Länge von etwa 42 Kilometern dank des Muschelkalkbodens und der größtenteils sonnigen Hangseite einen Wein von guter Qualität heranreifen. Zur Orientierung garantiert die Marque Nationale Unverfälschtheit und Qualität in folgenden Stufen:

Marque Nationel Appelation Contrôlée	12–13,9 Punkte
Vin Classé	14–15,9 Punkte
Premier Cru	16–17,9 Punkte
Grand Premier Cru	18–20 Punkte.

Welcher Wein paßt zu welchem Gericht?

ELBLING, herber und leichter erfrischender Wein – zu Sauerkrautplatte, gebackenen Moselfischen, Muscheln nach Luxemburger Art.
RIVANER (eine Kreuzung aus Riesling und Silvaner), leichter bekömmlicher und fruchtiger Wein – zu Schollenfilet, Schweinsfüßen, Fleischpasteten.
AUXERROIS, bekömmlicher und zarter schmackhafter fruchtiger Wein – zu Rinderfilet, Forellen aus allen heimischen Flüssen und Wild.
PINOT BLANC (trockener Weißburgunder), ein erfrischender, schmackhafter, vollendeter Wein – zu Königinpastete, Ragout, Fisch und Muscheln.
PINOT GRIS (Ruländer), ein edler, würziger Wein – zu Rinderfilet, Roastbeef, Lamm, Hecht in Sahnesauce, Wild und Käse.
RIESLING, auserlesener, fruchtiger, rassiger Wein von Rang mit diskreter Blume – zu Riesling-Pastete, Forellen, gebratenem Fisch, zu einheimischen Krebsen, Austern, Ardennenschinken, Hähnchen in Weinsauce.
GEWÜRZTRAMINER, fruchtiger, edler Wein – zu Gänseleberpastete, Trüffeln, gemischten Obstsalat, Käse.

Die Deutsche Weinstraße

Vier Brücken stellen eine feste Verbindung zwischen dem deutschen und dem luxemburgischen Ufer der Mosel her, zwischen Perl und Schengen, Nennig und Remich, Wincheringen und Wormeldingen sowie Wellen und Grevenmacher. Von Igel kommend führt eine Brücke über die Sauer nach Wasserbillig.
Wir benutzen die Brücke von Schengen, um mit dem Weinort *Perl* als Ausgangspunkt die deutsche Weinstraße kennenzulernen. Neben der Riesling- und Burgunderrebe gedeiht auf den Muschelkalkböden der rechtsseitigen Obermosel die Elblingrebe besonders gut. Sie wird seit über 2000 Jahren angebaut. Die Römer nannten sie *vitis alba,* weiße Rebe. Daraus entstand der Name Elbling. Sie ist später austreibend und dabei etwas früher reifend als die Rieslingrebe und damit für hiesige Klimaverhältnisse etwas unkomplizierter. Aus ihr werden Weine mit weniger Alkohol, aber mit herber Frische ausgebaut. Eine fruchtige Besonderheit sind Weine aus gelben oder roten Trauben, wie man sie bei Spitzenweingütern findet. Elblingweine bilden eine vorzügliche Basis für Sekt-Cuvées.
Perl-Sehndorf, etwas oberhalb der Mosel von Weinbergen umgeben, sorgte vor kurzem für Aufsehen. Es wurden jungsteinzeitliche Siedlungen ausgegraben, die beweisen, daß sich hier schon vor über 5500 Jahren Menschen sicher und vielleicht auch wohlgefühlt haben müssen, mit oder ohne Wein.
In *Perl-Besch* wird eine römische Villa freigelegt. Mosaike und Fußbodenheizung legen Zeugnis ab vom hohen Stand der Wohnkultur vor 2000 Jahren.
Perl-Nennig hat gleich zwei Attraktionen aufzuweisen: Das größte guterhaltene Fußbodenmosaik nördlich der Alpen zeigt Gladiatorenkämpfe. Mit seinen 160 qm gehörte es zu einem Empfangssaal einer großen römischen Villa mit insgesamt etwa 100 Metern Frontlänge.
Weithin sichtbar steht inmitten von Weinbergen das restaurierte *Schloß Berg,* heute Luxushotel mit Restaurant und Spielkasino. Sein Ambiente macht jeden Aufenthalt zu einem Erlebnis. „Sommer auf Schloß Berg" ist zu einem Begriff geworden. Veranstaltungen im romantischen Schloßpark versprechen niveauvolle Unterhaltung. Für kulinarische Höhenflüge ist auch gesorgt, ob im Gourmetrestaurant, im urgemütlichen Weinkeller oder in der „Scheune", der nostalgischen guten Stube.

Schloß Berg

Mosel-Zander im Kartoffelmantel auf Roter Elbling Sauce

Für 8 Personen

600 g Zanderfilet ohne Haut, Saft ½ Zitrone, Salz, Pfeffer, 8 rohe geschälte Kartoffeln, 200 g Lauch-Karotten-Streifen, 2 Eier, Butterschmalz zum Braten, 1 kleine Zwiebel, 125 g Butter, 1 Knoblauchzehe, 3 EL Mehl, ¼ Liter Fischfond, ¼ Liter Roter Elbling, ¼ Liter flüssige Sahne

Die Zanderfilets mit etwas Zitrone, Salz und Pfeffer marinieren. Die Kartoffeln grob reiben und die Lauch-Karotten-Streifen dazugeben. Das Ganze salzen, pfeffern und die Eier untermischen. Die Zanderfilets in der Kartoffelmasse wenden und in einer Pfanne braten.

Die gehackte Zwiebel in Butter gold-gelb anrösten, den Knoblauch dazupressen, mit Mehl bestäuben und verrühren. Danach mit heißem Fischfond auffüllen und 10 Minuten köcheln lassen. Die helle Fischsauce passieren, Roten Elbling dazugeben und nochmals reduzieren lassen. Mit Salz und Pfeffer würzen und mit Sahne vollenden.

Elblinggelee

8 Blatt weiße Gelatine, 0,7 Liter Roter Elbling, 1 unbehandelte Orange, 125 g Johannisbeergelee, etwa 200 g Zucker, 400 g dunkle Trauben, 1 Eiweiß, Hagelzucker oder Streuzucker

Die Gelatine in ¼ Liter Elbling einweichen. Orange dünn schälen und den Saft auspressen. Restlichen Wein, Saft der Orange, Johannisbeergelee und Zucker erhitzen bis der Zucker gelöst ist. Orangenschale herausnehmen. Eingeweichte Gelatine mit Rotem Elbling zufügen und auflösen.

Die Trauben waschen und abtrocknen. Die Hälfte in Gläser verteilen. Rotweinsud einfüllen und gelieren lassen. Inzwischen die restlichen Trauben in Eiweiß tauchen. In Zucker wenden und trocknen lassen. Zum Servieren an den Glasrand hängen.

Einige Kilometer flußabwärts erhebt sich auf einem Felsen über der Mosel das prächtige, nach den Zerstörungen des letzten Krieges nun vollständig restaurierte *Schloß Thorn.* Das Hauptgebäude des Schlosses entstand um 1800. Von der mittelalterlichen Burganlage ist der alte Torturm noch erhalten. Der heutige Schloßherr, Dr. Georg Baron von Hobe-Gelting, hat 1974 das Schloß-Weingut von seinem Vater übernommen. Es ist das älteste Schloß-Weingut an der Mosel mit zugleich der größten Elbling-Produktion Deutschlands. 20 Hektar Weinberge werden auf den Muschelkalkhängen der Mosel bewirtschaftet. Der Baron legt großen Wert auf frische trockene Weißweine bester Qualität, wenngleich seine besondere Liebe einer eher seltenen Spezialität, dem roten Elbling gilt, den er zu einem Spitzengewächs kultiviert hat. In Anerkennung hervorragender Leistungen im Weinbau wurde das Schloß-Weingut im renommierten Weinführer Gault Millaut ausgezeichnet. Den Besuch des historischen Schlosses, verbunden mit einer Weinprobe an der größten erhaltenen Baumkelter der Welt, mit einem 15 Meter langen Baum, beschwert mit einem 12 Tonnen schweren Stein, sollte man sich nicht entgehen lassen.

Palzem ist ein ruhiger Weinort mit Tradition. Der Elblingrebe wird hier der Vorzug gegeben. Das Wahrzeichen von *Wincheringen* ist der mittelalterliche Rundturm.
Nittel gilt mit seiner 300 Hektar großen Elblinganbaufläche als Zentrum des Weinbaus an der deutschen Obermosel. Der Ort wird geprägt von der Pfarrkirche St. Martin. Vom Hügel der kleinen zweischiffigen St. Rochus Kapelle mit spätgotischem Chor kann man einen herrlichen Ausblick über das Moseltal mit seinen Dolomitfelsen und den luxemburgischen Weinort *Machtum* genießen.
Wellen, durch eine Brücke mit *Grevenmacher* verbunden, verdankt seinen Reichtum, neben dem Wein, hauptsächlich dem Dolomitkalk, der bergmännisch über sowie unter Tage abgebaut und zu Zement verarbeitet wird.
Vom ruhigen Weinort *Temmels* sollte man einen Abstecher zum höher gelegenen *Tawern* nicht versäumen. Dort wurde ein Tempelbezirk aus der Römerzeit ausgegraben und mit Umgangshallen, Priester- sowie Pilgerhäusern rekonstruiert. Reisende aus Gallien konnten vom Metzenberg schon mal einen ersten Blick über die Saarmündung hinweg auf ihr Ziel, Augusta treverorum – Trier werfen.
Wieder unten am Moselufer angekommen, ist es nicht mehr weit bis *Oberbillig,* einem ruhigen Weinort, weil Straße und Schiene oberhalb am Hang entlang führen. In schmalen Gassen geht man hinunter zur Anlegestelle der Fähre, die den Ort mit dem gegenüberliegenden *Wasserbillig* verbindet.
Von *Wasserliesch,* das erhöht am Moselhang liegt und das Tor zur Obermosel genannt wird, hat man einen schönen Blick auf das sich öffnende weite Moseltal bei Trier.
Die Elbling-Route endet schließlich in *Igel* auf der anderen Moselseite. Es liegt malerisch unter steilen Felsen aus Buntsandstein und Muschelkalk. Einstmals war es eine bedeutende Zollstation für den durchlaufenden Warenverkehr. Ein Wahrzeichen ist die Igeler-Säule.

> *Auf dem Weg von Trier nach Luxemburg erfreute mich bald das Monument in der Nähe von Igel. Die Mosel fließt unmittelbar vorbei, mit welcher sich gegenüber ein ansehnliches Wasser, die Saar, verbindet. Die Krümmung der Gewässer, das Auf- und Absteigen des Erdreichs, eine üppige Vegetation geben der Stelle Lieblichkeit und Würde.*

So berichtet Johann Wolfgang von Goethe, als er am 26. August 1792 auf dem Weg nach Frankreich vor der Igeler Säule verweilte. Er hatte seinen Herzog als Kriegsberichterstatter begleitet.

Schloß Thorn

Die älteste Stadt Teutschlands

TRIER – Die Haupt und Residenz Stadt des Churfürsten an der Mosel, welche vor die Älste Statt in ganz Teutschland gehalten wird, ja viel älter als Rom selbst sein solle, wird sonst das andre Rom genant wegen der Antiquitaeten, so alda anzutref-fen, ihr Haupt Fluß ist die Mosel, das Land herum ist köstlich, gut und voll Weins. A.D. 1675

Die Stadt ist eine halbe Stunde lang, aber im Innern liegen viele große Gärten. Die Straßen sind zum Theil regelmäßig und breit, und man sieht manch schönes Gebäude.

So aus einer Stadtbeschreibung um 1820. Für einen Erkundungsgang durch Trier sollte man sich allerdings etwas mehr Zeit gönnen, denn die Zeugen aus allen Epochen der Stadt verdeutlichen die wechselvolle Geschichte auf anschauliche Weise. 1984 feierte Trier sein 2000jähriges Jubiläum. *Colonia Augusta Treverorum* nannten die Römer die Stadt, die sie zu Ehren des Kaisers Octavianus Caesar Augustus im Jahre 16 v. Chr. am Fuße eines keltischen Heiligtums gründeten. Es ist anzunehmen, daß an gleicher Stelle die Kelten schon viel früher gesiedelt haben, und so ist es nicht verwunderlich, daß selbstbewußte Trierer ihre Stadtgründung 1300 Jahre vor Rom wissen möchten, wie eine Inschrift am Roten Haus von 1684 dokumentiert.

ANTE ROMAN TREVERIS STETIT ANNIS MILLE TRECENTIS
PERSTET ET AETERNA PACE FRUATUR. AMEN!

Bereits 1300 Jahre vor Rom stand Trier. Möge es weiter bestehen und sich ewigen Friedens erfreuen. Amen!

Ende des 2. Jahrhunderts haben die Römer nach einem Germaneneinfall Augusta Treverorum durch eine starke Mauer mit vier Stadttoren gesichert. Die *Porta Nigra*

Schloß Thorn

im Norden ist als einziges Tor erhalten geblieben, weil sie zeitweise durch eine Doppelkirche mit stadtseitiger großer Freitreppe überbaut war. Napoleon ließ 1803 den ursprünglichen Zustand wieder herstellen.
Folgt man dem Alleering Richtung Mosel, so erreicht man schnell die Römerbrücke, die etwa Mitte des 2. Jahrhunderts n. Chr. errichtet wurde. Der Trierer Kurfürst Erzbischof Balduin von Luxemburg ließ 1343 die hölzerne Fahrbahn durch Steinböden ersetzen. Nach Zerstörung der Brücke im Jahre 1687 durch die Franzosen entstanden die heutigen Bögen aus Sandstein. Erstaunlich, daß die ursprünglichen Brückenpfeiler der Römer der erhöhten Verkehrsbelastung standhalten.
Weitere Bauten der Römer, die jedoch die Jahrhunderte nicht so gut überstanden haben, sind in Nähe der Südallee–Kaiserstraße, das frühere Forum, die *Barbara-Thermen, Kaiserthermen, Forumthermen* und das *Amphitheater.*
Die *Barbara-Thermen,* die noch im 5. Jahrhundert benutzt wurden, zählten zu den größten Thermen des Römischen Reiches überhaupt. Die *Kaiserthermen* waren nicht weniger groß. Sie wurden gebaut, als Trier zur Kaiserresidenz im Zuge der Reichsreform unter Diokletian 286 n. Chr. erhoben wurde. Die *Forumthermen,* die 1987 durch Zufall entdeckt wurden, werden in ein Museum, erbaut von Oswald Mathias Ungers, eingegliedert.
Am Fuße des Petrisbergs liegt das gewaltige *Amphitheater,* das etwa 20.000 Zuschauern Platz bieten konnte. Daraus kann man die Größe der damaligen Stadt – etwa 80.000 Einwohner – erkennen. Heute sind es knapp 100.000. Vom Mittelalter bis Anfang des 19. Jahrhunderts bewohnten lediglich etwa 10.000 Menschen die Stadt.
Auf dem Rückweg zur Stadt erreicht man bald die *Palastaula* Konstantins, eine riesige Basilika von 67 Meter Länge, 27 Meter Breite und 30 Meter Höhe. Erbaut um 310 n. Chr. diente sie als Thronsaal, umgeben von Seitenhallen und einer Vorhalle. Vom einst prunkvollen Innenausbau mit Marmor, Goldmosaik, Wand- und Fußbodenheizung und riesigen verglasten Fenstern ist nichts übrig geblieben. Das Gebäude besteht heute nur noch aus dem mächtigen unverputzten Ziegelmauerwerk, wie es im 19. und 20. Jahrhundert ergänzt beziehungsweise restauriert wurde. Immerhin wurde das Gebäude seit Bestehen ständig genutzt. Nach den Römern diente es den Frankenkönigen als Pfalz, seit dem 13. Jahrhundert den Trierer Erzbischöfen. Beim Bau des neuen kurfürstlichen Palais im 17. Jahrhundert wurden die Ost-Südwand und Vorhalle der Palastaula abgerissen und der Rest integriert. König Friedrich Wilhelm von Preußen ließ Mitte des 19. Jahrhunderts den ursprünglichen Zustand wieder herstellen. Seit 1856 wird die Basilika als evangelische Kirche sowie als Konzertsaal genutzt. Das *kurfürstliche Palais* im Renaissance-Stil ist heute Sitz der Bezirksregierung.

Der *Dom,* der dem hl. Petrus geweiht ist, vereinigt in sich zwei Jahrtausende Stilelemente aus der Römerzeit bis zur Moderne. In spätrömischer Zeit war der Dom eine dreiteilige Großkirche, die an der Stelle des niedergelegten Palastes der Kaiserin Helena errichtet wurde. Die Gesamtanlage erstreckte sich damals bis zum Hauptmarkt. Die Zwillingskirche *Liebfrauen,* direkt neben dem Dom gelegen, wurde nach dem Abriß der Römischen Südkirche 1235 bis 1260 erbaut und gilt als die älteste frühgotische Kirche Deutschlands.

Der *Hauptmarkt* mit seinen stolzen schmucken Häusern in verschiedenen Baustilen ist Mittelpunkt städtischen und touristischen Lebens und setzt einen Kontrapunkt zu der „klerikalen" Stadt. Kirchliche und weltliche Konkurrenz spiegeln sich auch in der Geschichte einiger Denkmäler wider. Das *Marktkreuz 958* von Erzbischof Heinrich als Zeichen des Marktrechtes auf dem Markt an der Grenze der Domfreiheit errichtet, verkörpert beides: geistliche und weltliche Autonomie. Damit wurden die Weichen für die Entwicklung der Stadt im Mittelalter gestellt. Der 1595 von Erzbischof Johann VII. in der Nähe errichtete *Marktbrunnen* mit dem Trierer Stadtpatron, dem Heiligen Petrus und den vier Haupttugenden – Klugheit, Gerechtigkeit, Mäßigung und Stärke – sollte als Zeichen verstanden werden, die von den Bürgern angestrebte Reichsunmittelbarkeit in Grenzen zu halten. Das Selbstbewußtsein der Stadtbürger spiegelt sich in dem zinnengekrönten, an einen starken Turm erinnernden Gebäude, der *Steipe* von 1430 bis 1483 wider, sogenannt nach den Stützen, den Steipen, auf denen es ruht. Das benachbarte *Rote Haus* von 1684 ziert der stolze, bereits erwähnte Spruch vom sagenhaften Alter der Stadt. An der Südseite ist die Marktkirche *St. Gandolf* von Häusern so eingerahmt, daß eigentlich nur der mächtige Turm zu sehen ist. Den Zugang bildet ein barockes Tor von 1732.

Interessant sind einige mittelalterliche Wohntürme, wie etwa der sogenannte *Frankenturm* aus dem 11. Jahrhundert. Sie wurden von den Rittern, die im Dienste der Stadt standen, erbaut. Dazu zählt auch das um 1235 erbaute *Dreikönigenhaus* im spätromanisch-frühgotischen Stil. Der Eingang lag früher in etwa 6 Metern Höhe und konnte nur durch eine bei Gefahr hochzuziehende Treppe erreicht werden. Heute befindet sich im Erdgeschoß ein Café.

„Speisen wie die alten Römer" kann man in der *Weinstube Zum Domstein* gegenüber dem Marktbrunnen. Die Speisen werden nach Originalrezepten aus dem Kochbuch *de arte coquinaria* des berühmten römischen Kochs und Feinschmeckers *Apicius* zubereitet. Er lebte unter Kaiser Tiberius 42 v. Chr. bis 37 n. Chr. in Rom.

Bereits in der fünften Generation führt Familie Gracher das Restaurant. Frau Rosemarie Gracher hat sich als erste intensiv mit Speisen und Getränken der Römerzeit befaßt.

Weinstube und Restaurant zum Domstein, Hauptmarkt 5, 54290 Trier

Römische Gerichte

Mulsum
Aperitif

Ein Viertel des Weines abgießen, in einem Topf mit dem Honig aufkochen und die Gewürze in die heiße Flüssigkeit einlegen. Ziehen lassen und in eine Flasche gießen. Mit dem Rest des Weines auffüllen und gut durchschütteln. Die wieder verkorkte Flasche zwei Wochen kühl stehen lassen.

0,7 Liter herber Weißwein,
3 gehäufte EL Honig,
1 Stück Stangenzimt (im Mullsack),
Aniskörner

Fabaciae virides
Grüne Böhnchen mit Lauch

Die gewaschenen Bohnen in kochendem Wasser bißfest garen und mit Weinessig nach Geschmack marinieren. Den geputzten und gewaschenen Lauch in schmale Ringe schneiden. Die Sardellenfilets hacken. Das Olivenöl erhitzen, Lauch und Sardellen sowie die Gewürze zufügen, einige Minuten dünsten. Über die marinierten Bohnen geben und durchziehen lassen.

400 g feine grüne Bohnen, Weinessig,
1 Stange Lauch, 2 Sardellenfilets als
Liquamenersatz, 4 EL Olivenöl,
2 EL Koriandersamen, 2 TL Kümmel

Lepus medidus
Hase in Sauce mit Datteln und Rosinen

Die Hasenkeulen ein bis zwei Tage in Süßwein mit Liquamen oder den feingehackten Sardellen, Datteln und Rosinen einlegen. Herausnehmen, trockentupfen, in heißem Olivenöl anbraten. Sobald die Keulen schön braun sind, herausnehmen und beiseite stellen. Zwiebelringe zugeben, leicht mit Mehl bestäuben und durchrösten. Die durch ein Sieb gegossene Marinade teilweise zufügen, bis eine sämige Sauce entsteht. Die Keulen einlegen und fertigschmoren. Zum Schluß die eingelegten Rosinen und Datteln zufügen. Mit Pfeffer bestreut servieren.

4 Hasenkeulen, 2–3 Gläser Süßwein,
Liquamen oder ersatzweise 4 feingehackte Sardellenfilets, 2–3 EL Datteln,
2–3 EL Rosinen, 4 EL Olivenöl,
1–2 Zwiebeln, 1–2 EL Mehl,
gestoßener Pfeffer

Patina de piris
Birnenauflauf

Pro Person eine in Scheiben geschnittene gedünstete Birnenhälfte in ein Auflaufförmchen geben. Jedes mit wenig Pfeffer und Kreuzkümmel bestreuen; in jedes Förmchen einige Tropfen Olivenöl, einen Teelöffel Honig und Liquamen geben. Die Sahne oder Milch mit dem Eigelb verrühren und über die Förmchen verteilen, im Wasserbad garen. Mit Süßwein begießen und servieren.

2 Birnen, Pfeffer, Kreuzkümmel,
2–3 TL Olivenöl, 4 TL Honig,
Liquamen oder ersatzweise
feingehackte Sardellenfilets,
¼ Liter süße Sahne, 2 Eigelb, Süßwein

Trier

Auf dem Weg vom Hauptmarkt in Richtung Römerbrücke kommt man in der Brückenstraße 10 an einem schönen barocken Bürgerhaus aus dem 18. Jahrhundert vorbei; es ist das Geburtshaus des 1818 geborenen Karl Marx. Das Haus beherbergt heute das *Karl-Marx-Museum.*

Um Trier und das Moseltal in aller Ruhe von oben betrachten zu können, braucht man nur mit der Seilbahn über die Mosel zum ehemaligen *Herrenhaus Weinhaus* hinaufzufahren. Von dort erblickt man rechts die Kaiser-Wilhelm-Brücke mit der Schiffsanlegestelle und das *Zurlaubener Ufer,* wo sich früher eine Fischer- und Schiffersiedlung befand. Vor den fast 200 Jahre alten Häusern liegt eine Promenade mit bunten Gärten sowie mit Weinlaub umrankten Lauben und Pavillons. Urige Gaststätten laden zum Verweilen ein, wie etwa *En de Lauben* bei Walter Krewer, genannt Emsig. Bei den im Laufe des Jahres zu bewältigenden Festen wie Karneval, dem Mosel- und Heimatfest Anfang Juli sowie den zahlenmäßig nicht festgelegten Weinfesten mit dem Genuß von Alkohohl braucht man eine gute Grundlage. Bewährt hat sich der Klappschmier, Brot mit Hausgemachtem, zu dem am besten ein Glas Hefe vom Faß oder *Viez,* Apfelwein, schmeckt. *„Dat könnt Ihr ruhig glaawen, mehr laafen beij dän Emsich nao Zalaawen!" „En Zalaawen es emmer ebbes los!"*

Ein paar Häuser weiter steht ein hübsches altes Haus, das *Gasthaus Mosellied.* Eine Bronzetafel über der Haustür weist darauf hin, daß es das Geburtshaus des Komponisten des Moselliedes *Georg Schmitt* (1821–1900) *„Im weiten deutschen Lande zieht mancher Strom dahin …"* ist.

3 Millionen Reben machen die Region Trier zum größten Weinanbaugebiet des Mosel-Saar-Ruwer Verbandes. Der Wanderweg des Trierer Weinlehrpfads beginnt unterhalb des Weinhofes Petrisberg. Nach dem 3 km langen Weg wird die Mühe durch den abschließenden Besuch eines Weinkellers mit Weinprobe belohnt.

In der Liebfrauenstraße, nicht weit vom Dom entfernt, befindet sich das Palais Kesselstatt, ein Schmuckstück barocker Baukunst. Es ist seit 1746 Sitz des *Weingutes Reichsgraf von Kesselstatt,* eines der führenden Weinbaubetriebe der Region Mosel-Saar-Ruwer, das heute von Annegret Reh-Gartner und Gerhard Gartner mit Tradition und Erfahrung geführt wird. Auf 65 Hektar Schiefersteillagen reifen ausschließlich Riesling-Trauben mit berühmten Namen wie Josephshöfer, Graacher Domprobst und Himmelreich, Wehlener Sonnenuhr, Bernkasteler Doctor sowie Lay, Piesporter Domherr und Goldtröpfchen, Trittenheimer Apotheke, Leiwener Laurentiuslay an der Mosel; an der Saar die Lagen Scharzhofberger, Wiltinger Braunfels,

Weingut Reichsgraf von Kesselstatt

Reichsgraf von Kesselstatt

Gottesfuß und Kupp, Kanzemer Altenberg, Oberemmeler Agritiusberg und Karlsberg; an der Ruwer Kaseler Nies'chen, Kehrnagel, Herrenberg und Hitzlay. Diese Grundvoraussetzung gepaart mit exzellentem Können im Ausbau der Weine haben zu internationaler Bedeutung und zahlreichen Auszeichnungen geführt.
Das Weingut verfügt über einen Weinkeller mit einer Fläche von 4300 Quadratmetern in Kellergängen, die vom Domfreihof bis zum ehemaligen Kloster St. Afra reichen. Im Palais Kesselstatt laden ein Gourmet-Restaurant und eine gemütliche Weinstube, im Sommer auch der Weingarten zum Verkosten der edlen Weine ein. Dazu verwöhnen die Pächter Ulrike und Dieter Hilgers ihre Gäste mit moseltypischen Speisen.

Weinstube Palais Kesselstatt, Liebfrauenstraße 10, 54290 Trier

Bratkartoffeln mit eingelegten Heringen

Obwohl es in dieser Region keine Heringe gibt, waren diese in früherer Zeit eine weitverbreitete Speise. Die Heringsfilets werden in einer Marinade aus Sahne, kleingeschnittenen Äpfeln, Zwiebeln und Gürkchen eingelegt.
Die Bratkartoffeln werden mit kleingeschnittenem Rauchfleisch und Zwiebeln zubereitet.

Einige Kilometer flußabwärts von Trier liegt am linken Moselufer der Stadtteil *Pfalzel,* die kleine Pfalz, wie sie zur Römerzeit genannt wurde. 350 n. Chr. als Landsitz römischer Kaiser und Präfekten errichtet, wurde im 7. Jahrhundert der Palast zu einem Damenstift umgebaut. Den Westteil ließen die Trierer Erzbischöfe im 12. Jahrhundert zu einer Burg befestigen, im 16. Jahrhundert kam eine starke Ringmauer hinzu und die Stiftskirche erhielt einen Kreuzgang mit Kapelle und Wohngebäude. Hier befindet sich heute das *Hotel Klosterschenke.* Eine längere Rast einzulegen wird in jeder Hinsicht belohnt. Auf Schritt und Tritt fühlt man sich in die Vergangenheit zurückversetzt, während das Restaurant der Familie Betz seine Gäste mit einer kreativen Küche, besonders den regionalen Spezialitäten und dem guten Wein verwöhnt.

Pfalzeler Kartoffelsuppe mit gerösteten Blutwurstscheiben

Gemüse grob würfeln, mit Rauchfleisch und etwas Butter hell anschwitzen. Fleischbrühe auffüllen und Kartoffeln grob gewürfelt hinzugeben. Mit Salz und Pfeffer würzen, auf kleiner Flamme kochen. Wenn die Zutaten gar sind, mit Muskat und Majoran abschmecken. Das Rauchfleisch entnehmen und die Suppe pürieren, mit Sahne vollenden.
Die Blutwurst in Scheiben schneiden und in der Pfanne trocken rösten.

je 100 g Lauch, Karotten, Zwiebel, Sellerie, 60 g Rauchfleisch, 50 g Butter, 2½ Liter Fleischbrühe, 500 g Kartoffeln, Salz, Pfeffer, abgeriebene Muskatnuß, Majoran, ½–¼ Liter Sahne, Blutwurst

Koteletten vom Ruwertallamm

Die Lammkoteletten mit den Gewürzen, Riesling und Traubenkernöl 24 Stunden marinieren.
Bohnenkerne in Salzwasser blanchieren, Schinkenspeck und Schalotten würfeln und in Butterschmalz anschwitzen. Bohnenkerne, Tomaten- und Champignonwürfel dazu geben und etwa 5 Minuten köcheln lassen. Mit den Gewürzen abschmecken. Die gehackte Petersilie zufügen.
Lammkoteletten in Traubenkernöl beidseitig kurz braten und auf den Bohnen anrichten.
Als Beilage empfehlen wir Nußkartoffeln.

16 Lammkoteletten, Piment, Lorbeer, Knoblauch, Riesling, Traubenkernöl, 500 g frische grüne Bohnenkerne, Salz, 50 g Schinkenspeck, 4 Schalotten, 4 EL Butterschmalz, 100 g Tomaten, gehäutet und gewürfelt, 4 Champignons, Pfeffer, Thymian, Petersilie

Joghurtmousse mit Erdbeer-Salat

Für etwa 10 Personen
Eigelb, Zucker und Zitronensaft warm/kalt aufschlagen. Joghurt abtropfen lassen, Gelatine auflösen, zusammen mit Vanille verrühren und unter die Eigelbmasse rühren. Eiweiß schaumig schlagen, Sahne steif schlagen und alles vorsichtig unter die Joghurtmasse heben. Kalt stellen.
Erdbeeren halbieren und in Grand Marnier marinieren.
Dekorativ anrichten!

5 Eigelb, 5 EL Zucker, 1 Zitrone, 1 kg Joghurt, 5 Blatt Gelatine, ½ TL echte Vanille, 5 Eiweiß, ½ Liter Sahne, frische Erdbeeren, Grand Marnier

Gegenüber liegt der kleine Ort *Ruwer,* Stadtteil von Trier. Hier mündet der kleine Fluß gleichen Namens in die Mosel. Mit seinem Nebenarm Riveris hat er schon zur Römerzeit Trinkwasser für Trier gespendet und dabei zahlreiche Mühlen für Steinbearbeitung und Kornmahlen angetrieben. Mosel-Saar-Ruwer ist für Weinkenner ein Begriff.
Seit vermutlich über eintausend Jahren wird auf den steilen Hängen der Maximin Grünhäuser Weinberge im Ruwertal Weinbau betrieben. Die *C. von Schubert'sche Gutsverwaltung Grünhaus* Mertesdorf setzt die Tradition des Weinanbaus fort. Inhaber Dr. Carl von Schubert hat 1980 das Weingut von seinem Vater übernommen. Seine Weinphilosophie beinhaltet folgende Thesen: Die natürliche Grundlage – den Boden – so gesund wie möglich zu erhalten, daß er seine Früchte auch für kommende Generationen hervorbringen kann. Dies bedeutet eine organische Bodenpflege – vielfältige Humus- und Wirtschaftsdünger – bei Verzicht von Unkrautvernichtungsmitteln. Intensive Stockarbeiten sollen die Rebe über's Jahr so gesund wie möglich erhalten.

Die Schleifen der Mittelmosel

Seit etwa 250.000 Jahren gräbt sich die Mosel zwischen Eifel und Hunsrück mühsam durch das rheinische Schiefergebirge, wobei sie ihre Richtung immer wieder ändern mußte. So entstand das Mäanderbild der Mosel, wie es sich heute so reizvoll zwischen Schweich und Cochem präsentiert. Um in aller Ruhe die Eindrücke genießen zu können, sollte man die Landschaft von einem Schiff aus auf sich wirken lassen. Jede Biegung sorgt für eine neue Überraschung, hier ein malerischer Winzerort, dort eine geheimnisvolle Burgruine; dazwischen kunstvoll angelegte Weinbergterrassen. An den Außenseiten der Schleifen, wo der steile Hang keine Bewirtschaftung zuläßt, drängt unberührter Wald von den Bergen herab. Die Moselschleifen verdoppeln im wahrsten Sinne des Wortes die Entfernung und damit die Dauer des Reisevergnügens.
Schweich, ein lebhafter Ort an der römischen Weinstraße, war schon vor den Römern von Kelten bewohnt. Am Ende der Trierer Talaue bestand eine wichtige

Trier

Fährverbindung zum anderen Moselufer. Der mächtige Fährturm aus dem 18. Jahrhundert beherbergt eine Gaststätte. In Schweich ist der Moseldichter *Stefan Andres* (1906 bis 1970) aufgewachsen. Sein Moselroman „Der Knabe im Brunnen" gab Anlaß zum Bau des phantasievollen Brunnens im Zentrum des Ortes. Das Kulturzentrum im Niederprümerhof von 1706 zeigt ebenfalls Stationen seines Wirkens.
In *Longuich-Kirsch,* zwei schmucken zusammengewachsenen Winzerorten keltisch-römischen Ursprungs erinnern Reste der *villa urbana,* einer städtischen Villa mit enormen Ausmaßen und ausgestattet mit allem Heiz- und Badekomfort an die römische Epoche. Über eine Brücke gelangen die Winzer zu ihren am gegenüberliegenden Moselufer steil ansteigenden Weinbergen in günstiger Süd-Südwest-Hanglage.
In *Riol* unterlagen 70 n. Chr. die Treverer endgültig den Römern. Der Ort mit seiner gotischen Kirche und dem romanischen Turm liegt inmitten von Wein- und Obstgärten. Hier wird auch der moseltypische Apfelwein *Viez* hergestellt.
Mehring wurde berühmt durch das ausgegrabene und rekonstruierte Römergut *villa rustica* mit über 35 Räumen. Es ist über eine Brücke, die zum Hunsrück führt, erreichbar.
Hier wie auch zu den benachbarten Orten führen Wege parallel zum Moselufer und quer durch Weinberge mit herrlichen Ausblicken, bestens geeignet für Fuß- oder Fahrradwanderungen.
Hinter der nächsten Moselschleife liegt der alte Winzerort *Pölich.* Der Name kommt wahrscheinlich von *pulchra villa,* schöner Landsitz, der mit Marmor verkleideten Badeanlagen und einer Wasserleitung ausgestattet war.
In *Ad decimum lapidem, Detzem,* stand der 10. Meilenstein der Römerstraße von Trier nach Mainz. Der römische Gutshof ging im 9. Jahrhundert auf die Abtei St. Maximin in Trier über. Die Staustufe etwas oberhalb von Detzem ist mit 9 Metern die höchste an der Mosel. Über dem Winzerort kann man von einem Berg den Fünf-Seen-Blick genießen. Es sind fünf Teilabschnitte der Mosel, die von den umliegenden Bergen eingeschlossen sind.
An der Mündung der Salm in die Mosel schmiegt sich der Winzerort *Klüsserath* an, eine keltische Rodungs-Siedlung mit der bekannten Weinlage *Bruderschaft.* Zu den Sehenswürdigkeiten zählen die Burg von 1270, woraus im 18. Jahrhundert ein kurfürstliches Schlößchen und heute ein feudales Wohnhaus wurde. Auf der gegenüberliegenden Moselseite liegt mit seinen schönen Fachwerkhäusern der romantische Weinort *Leiwen,* in einer Urkunde Karls des Großen um 800 als *Lyve* erwähnt.
Trittenheim ist vor allem wegen seiner Weinlagen, unter anderem *Altärchen, Apotheke* weithin bekannt. Es ist aber auch der Geburtsort des *Johannes Trithemius* (1462–1516), Abt des Sponheimer Konvents und später Abt des Würzburger Klosters St. Jakob. Als humanistischer Gelehrter zählt er zum Ende des Mittelalters

zusammen mit Nikolaus Cusanus aus Kues und Petrus Moselanus aus Bruttig zu den drei bedeutendsten Geistesgrößen von der Mosel. Ein schöner Weg führt oberhalb des Ortes zur Laurentius-Kapelle von 1583. Geht man den Weg noch höher hinauf, gelangt man zum sogenannten Hinkelstein, einem Menhir aus der Megalith-Kultur. Von hier aus kann man einen herrlichen Blick auf das Moseltal genießen.

Neumagen-Drohn gilt als ältester Weinort Deutschlands, doch seine Vergangenheit liegt viel weiter zurück. Hier entstand um 310 n. Chr. das große Römerkastell *noviamagus* unter Kaiser Konstantin zum Schutz der Römerstraße gegen die Einfälle germanischer Völker. Zwei Funde aus der Römerzeit haben Berühmtheit erlangt, weil sie das Leben der Antike anschaulich darstellen. Es ist das Weinschiff (siehe Abbildung Seite 56) und die Schulszene. Die Originale befinden sich im Landesmuseum in Trier, während gute Repliken am Ort stehen.

Zwischen Neumagen und Drohn liegt inmitten berühmter Weinlagen hoch über der Mosel das *Gutshotel Reichsgraf von Kesselstatt.* Eine Wanderung dorthin wird vom Küchenchef Dieter Braun mit moselländischen Spezialitäten und erlesenen Tropfen des Weinguts Reichsgraf von Kesselstatt in Trier belohnt.

Gutshotel des Weinguts Reichsgraf von Kesselstatt, 54347 Neumagen-Drohn

Endiviensalat mit Speck-Kartoffeldressing

Die geschälten Kartoffeln in Fleischbrühe gar kochen und pürieren. Rauchfleisch- und Zwiebelwürfel anschwitzen, dazugeben. Pellkartoffelwürfel zufügen, eventuell mit Fleischbrühe zur sämigen Konsistenz bringen. Mit Salz, Pfeffer und Weinessig abschmecken, alles kurz erhitzen. Einen Schöpfer Speck-Kartoffeldressing warm auf Teller geben, feingeschnittenen, gewaschenen Endiviensalat oben auflegen.

Weinempfehlung: Mosel-Riesling Hochgewächs trocken oder halbtrocken.

2 Kartoffeln von mittlerer Größe, ¼ Liter Fleischbrühe, 80 g gewürfeltes Rauchfleisch, 1 gewürfelte Zwiebel, 2 Pellkartoffeln in kleine Würfel geschnitten, Salz, Pfeffer, Weinessig, Endiviensalat

Gebratene Lammkeule in Rosmarinsauce

Für 6 Personen

Lammkeule salzen, pfeffern und mit Knoblauch spicken. In Fett von allen Seiten kurz anbraten, im Backofen bei ca. 120 °C weiter braten. Kleingeschnittene Zwiebeln, Lauch, Sellerie, Möhren dazugeben, würzen, immer begießen und wenden. Garzeit für leicht rosa ca. 80 Minuten – Keule warm stellen.

Fond mit Rieslingwein ablöschen und mit Fleischbrühe auffüllen. Rosmarin und Lorbeerblätter dazugeben, ca. 15 Minuten kochen und reduzieren, leicht mit Mehl binden und passieren. Lammkeule auf ein Brett geben und am Tisch tranchieren. Sauce, Blattspinat und Kartoffelgratin extra anrichten.

Weinempfehlung: Mosel-Riesling Spätlese oder Auslese trocken oder halbtrocken.

1 Keule vom Lamm, Salz, Pfeffer, 1 Knoblauchzehe, 30 g Fett, 100 g Zwiebeln, 50 g Lauch, 20 g Sellerie, 50 g Möhren, 0,1 Liter trockener Mosel-Riesling, 0,5 Liter Fleischbrühe, 1 Strauß Rosmarin, 2 Lorbeerblätter, 1–2 EL Mehl

Charlotte von Mosel-Riesling

Löffelbiskuits in eine runde etwa 1 Liter fassende Schüssel am Rand herum hochstellen. Alle Zutaten von 1. in Anschlagschüssel geben und im Wasserbad bis 80 °C cremig aufschlagen, dann bis zum leichten Stocken der Gelatine kaltrühren, mit Masse 2. glattrühren. Geschlagene Sahne unterheben und in vorbereitete Schüssel einfüllen. Über Nacht im Kühlschrank ruhen lassen. Auf Platte stürzen und garnieren. Weinempfehlung: Riesling- oder Elblingsekt brut oder Riesling Auslese.

8 Löffelbiskuits
1. 2 Eigelb, 20 g Zucker, etwas Zitronensaft, 0,3 Liter trockener, säurebetonter, kräftiger Mosel-Riesling, 3 Blatt eingeweichte weiße Gelatine
2. 2 Eiweiß und 20 g Zucker zu Baiser schlagen
3. 200 ml geschlagene Sahne

Wer Fisch bevorzugt kann anstelle der Lammkeule die gefüllte Zanderroulade bestellen.

Gefüllte Zanderroulade

Das Zanderfilet mit dem Handballen leicht flachklopfen, salzen. Den Blattspinat gründlich waschen, die Stiele entfernen und die Spinatblätter blanchieren.
Für die Farce das Weißbrot mit einem Drittel der Sahne etwa 30 Minuten einweichen. Dann mit dem kleingeschnittenen Zanderfilet fein pürieren. Mit Salz und Pfeffer abschmecken. Die restliche Sahne steif schlagen und unterheben.
Das Zanderfilet auf ein ausreichend großes Stück Alufolie legen und dünn mit der Fischfarce bestreichen. Spinatblätter darauf verteilen. Den Rest der Farce daraufgeben und glattstreichen. Das Filet zu einer Rolle formen und mit der Alufolie umwickeln. Die Fischroulade in ca. 65 °C heißem Wasser 20 Minuten gar ziehen lassen.
Für die Sauce Fischfond und Crème double leicht einkochen lassen. Die Hälfte des Rieslings dazugeben und aufkochen, die Butter darunterschlagen. Den restlichen Riesling dazugeben und aufkochen. Die geschlagene Sahne kräftig unter die Sauce rühren, leicht mit Salz abschmecken.
Die Zanderroulade aus der Folie nehmen, in 1 cm dicke Scheiben schneiden und auf eine vorgewärmte Platte geben. Die Sauce getrennt dazu reichen.
Als Beilagen passen Reis, Nudeln oder Kartoffeln.
Meine Weinempfehlung: ein säurebetonter Mosel-Riesling, halbtrocken oder auch trocken.

400 g Zanderfilet, Salz,
200 g Blattspinat

Für die Farce:
50 g Weißbrot ohne Rinde,
150 ml Sahne,
200 g kleingeschnittenes Zanderfilet,
Salz, Pfeffer

Für die Sauce:
500 ml Fischfond, 2 EL Crème double,
200 ml Mosel-Riesling,
20 g kalte Butter,
1 EL geschlagene Sahne, Salz

Trestersorbet

Alle Zutaten mischen und in einer Sorbetière fertig stellen.
Sofort in vorgekühlten Gläsern servieren.

½ Liter säurebetonter Moselriesling, 80 ml Mosel-Trester, 0,15 Liter Läuterzucker

Römisches Weinschiff in Neumagen-Drohn

Dort, wo einst ein alter Handelsweg die Mosel kreuzte, befand sich eine Furt, *porto pigontio.* Daraus entwickelte sich der Name *Piesport.* Die Weinlage *Goldtröpfchen* ist berühmt. Eine hier gefundene komplett restaurierte Kelteranlage aus dem 3. oder 4. Jahrhundert verweist auf die lange Vorgeschichte der goldenen Tröpfchen. Die Kelter ist eine der größten nördlich der Alpen. Im Ort wird auch noch das alte Küferhandwerk betrieben, und man kann sogar den Küfern bei ihrer Arbeit zusehen.
Das über 1000 Jahre alte Winzerdorf *Kesten* hat seinen Namen aus dem lateinischen *castanidum* abgeleitet, Hinweis auf einen wohl zur Römerzeit existierenden Kastanienhain. Der im nahen Dreisbachtal gelegene Sauerbrunnen besitzt heute noch die alte römische Fassung.
Dusemond, süßer Berg, nannte sich *Brauneberg* bis 1925 und das wohl wegen der weltberühmten Weinlage *Brauneberger Juffer* auf der gegenüberliegenden Moselseite. Der Steilhang mit voller Sonneneinstrahlung war eh und je privilegiert. Hier kultiviert das *Weingut Fritz Haag „Dusemonder Hof“* seine großen Riesling-Weine mit Prädikaten, die weltweit Anerkennung gefunden haben.
Alte Weinhöfe wie der der Abtei Tholey von 1719 sind noch erhalten. Eine noch längere Tradition besitzt das Weingut Brauneberger Hof – Conrad-Schreiber.
Im *Hotel Restaurant Weingut Brauneberger Hof* kann man echte moselländische Kultur erleben. Das Restaurant mit Gewölbekeller in einem alten Fachwerkhaus von 1750 strahlt eine gemütliche Atmosphäre aus. Bei Streifzügen durch die römische und moselländische Küche überraschen immer wieder kulinarische Neuentdeckungen. Hilde Conrad führt mit Erfolg das in den renommierten Hotelführern genannte Haus. Der Familientradition folgend, übernahm Günter Conrad, gelernter Winzer, als 13. Generation das alteigesessene Weingut „Adolf Conrad-Schreiber“ aus dem Jahre 1558. Auf den bereits erwähnten Süd-Steillagen *Brauneberger Juffer* und *Brauneberger Juffer-Sonnenuhr* reifen seine erstklassigen Rieslingweine.

Hotel/Restaurant/Weingut „Brauneberger Hof“, 54472 Brauneberg/Mosel

Salat mit Walnußdressing und geriebenem Kuhtahler Käse

Alle Zutaten miteinander mixen. Das Dressing am besten am Vortag machen, damit der Walnußgeschmack richtig durchzieht.
Blattsalate können frei gewählt werden, aber am besten ist eine Mischung aus Eichblatt, Lollo rosso und Rukola. Kopfsalat ist nur bedingt geeignet, da er sehr schnell zusammenfällt.
Den Käse etwa 1 Stunde anfrieren und dann reiben.

Dressing:
50 g geriebene Walnüsse,
20 ml Balsamico Essig,
40 ml Fleischbrühe,
40 ml Olivenöl, Salz, Pfeffer,
Kuhtaler Käse, pro Person
etwa 60–80 g

Sauerampfersuppe

Zwiebel in zerlassener Butter anschwitzen und mit dem Mehl eine Roux herstellen, diese mit Weißwein ablöschen. Kurz aufkochen lassen und mit der Brühe aufgießen, das ganze etwa 20 Minuten kochen lassen.
Nun den Sauerampfer mit der Sahne und dem Zucker mit einem Pürierstab mixen und zugeben. Aufkochen lassen und mit Salz und Pfeffer abschmecken.

150 g Zwiebelwürfel, 40 g Butter,
20 g Mehl, 100 ml Weißwein,
1 Liter Brühe, 50 g Sauerampfer
gezupft, 200 ml Sahne, 1 Msp. Zucker,
Salz, Pfeffer

Rotaugenfilet mit Gemüse von roten und weißen Zwiebeln

Die Rotaugenfilets in dem Zitronensaft und 100 ml Wein marinieren. Die Zwiebeln in Würfel schneiden und getrennt mit jeweils 50 g Butter schmoren und mit 50 ml Wein einkochen. Mit Salz und Pfeffer würzen. Die Rotaugenfilets aus der Marinade nehmen und auf der Hautseite mehlieren. 50 g Butter zerlassen und die Filets nur auf der Hautseite braten. Sind die Filets kroß gebraten, nimmt man sie aus der Pfanne und löscht mit der Marinade den Bratensatz ab. Die verbleibenden 50 g Butter in Würfel schneiden und die Marinade unter Kochen mit der Butter binden.

600 g Rotaugenfilet, Saft einer Zitrone,
200 ml Riesling, trocken,
400 g rote Zwiebeln, 400 g weiße
Zwiebeln, 200 g Butter, Salz, Pfeffer,
etwa 25 g Mehl

Süppchen von rotem Weinbergpfirsich

Die Weinbergpfirsiche kurz in kochendes Wasser tauchen; danach lassen sie sich leicht schälen. Die geschälten Pfirsiche vom Stein trennen und mit dem Läuterzucker zusammen pürieren. Nach Belieben mit Likör abschmecken.
In einem Suppenteller anrichten und den Sauerrahm in die Mitte des Tellers geben.

800 g roter Weinbergpfirsich,
200 ml Läuterzucker (75 g Zucker
mit 125 ml Wasser kurz aufkochen),
200 ml Sauerrahm,
Weinbergpfirsich-Likör

Bernkastel-Kues

Bis zur nächsten Gemeinde ist es nicht weit. *Mülheim* war zu allen Zeiten ein bedeutender Weinort. Patrizierhäuser und alte Kellereien zeugen davon, daß hier seit Jahrhunderten Weinanbau und Weinhandel betrieben wurden. Die Handelsstraße von Frankfurt nach Brüssel überquerte hier die Mosel. Heute führt eine bequeme Brücke an das andere Ufer nach *Mahring* und *Lieser.* Der Wein von Mülheim flog 1929 als Zeppelinwein um die ganze Welt.
Zweifellos kann *Bernkastel-Kues* als das Zentrum der Mittelmosel angesehen werden; nicht nur als Kreisstadt, sondern auch wegen seiner Weinlagen, wie des berühmten *Bernkasteler Doctors.* Der Name geht einer Anekdote aus dem Mittelalter zufolge auf die Gesundung des schwer erkrankten Trierer Erzbischofs Beomund II. zurück, der in seiner Sommerresidenz, Burg Landshut oberhalb von Bernkastel, weilte. Nachdem alle ärztliche Kunst versagte, versprach er dem einen hohen Lohn, der ihn heilen würde. Ein cleverer Winzer besuchte ihn mit einem Fäßchen seines besten Weins. Die empfohlene Trinkkur ließ den todkranken Erzbischof schon nach wenigen Tagen gesunden. Den Wein aber nannte man fortan „Bernkasteler Doctor". Heute kann jeder die edle Medizin in den *Doctor-Weinstuben* unterhalb der berühmten Weinlage verkosten. Mit Konsequenz und Ausdauer hat Ernst Loosen, Besitzer des *Weingut Dr. Loosen* in Bernkastel, seine Riesling-Weine zu Weltniveau ausgebaut. Dabei setzt er auf wurzelechte Reben. Das Weingut verfügt über Spitzenlagen wie Bernkasteler Lag, Erdener Prälat, Erdener Treppchen, Graacher Himmelreich, Ürziger Würzgarten und Wehlener Sonnenuhr.
An der Straße Mainz–Trier gelegen, erlangte die Stadt durch Handel Reichtum und war auch berechtigt, Zölle zu erheben. Kulturhistorisch bedeutsame Bauten, wie das Rennaissance-Rathaus, geben heute noch einen Eindruck von Reichtum und Ansehen des Moselortes. Kurios wirkt das nur wenige Meter breite *Spitzhäuschen,* das eine bekannte Weinstube beherbergt. Eine Wanderung zur Burgruine *Landshut* lohnt sich allein wegen der grandiosen Aussicht auf die alte Stadt, die Mosel und das gegenüberliegende seit 1905 mit einer Brücke verbundene *Kues,* dem Geburtsort des berühmten Gelehrten und Theologen *Nikolaus Cusanus* (1401–1464).
NIHIL SINE SOLE – Nichts ohne Sonne –, eine alte römische Weisheit, die in besonderem Maße den Wein betrifft. Einem alten Weindorf hat die *Wehlener Sonnenuhr* zum Ruhm verholfen. Die Edellage liegt auf der Sonnenseite, jedoch auf dem anderen Moselufer. So haben die Wehlener sich vor einem halben Jahrhundert bereits eine eigene Fußgängerbrücke geleistet, um bequemer zu ihren Weinbergen zu gelangen.
Eines der herausragendsten Weingüter Deutschlands ist das *Weingut Joh. Jos. Prüm.* Der größte Teil seiner Anbaufläche verteilt sich auf beste Parzellen in den Spitzenlagen Wehlener Sonnenuhr und Graacher Himmelreich, wo der Inhaber Dr. Manfred

Prüm in großen Jahren edle Spitzenweine, hochfeine Beerenauslesen und rassige Eisweine erntet. Im Jahre 1842 baute Jodocus Prüm die Sonnenuhr in einen Wehlener Weinberg und gab ihm damit seinen späteren Namen.
Im *Weingut Bäumler, Kerpen Erben* gibt es die Gelegenheit die Qualität seiner Wehlener Sonnenuhr-Weine zu verkosten. Die Krönung bildet die mit der goldenen Kammerpreismünze ausgezeichnete Riesling-Auslese.
Zeltingen-Rachtig, heute eine Doppelgemeinde, kann auf eine lange historische Vergangenheit zurückblicken, wie Funde aus der Jungsteinzeit beweisen. Zeltingen präsentiert sich mit einem von Fachwerkhäusern umstandenen Marktplatz. In Rachtig dominiert das Deutschherrenhaus, im spätgotischen Stil erbaut, jedoch barock umgestaltet. Beide Orte leben vom Weinanbau. Bekannt sind die Weinlagen *Zeltinger Himmelreich, Schloßberg,* Deutschherrenberg.
Eine Brücke über die Mosel führt zum alten *Kloster Machern,* heute ein Weingut und weiter zu einem Städtchen hinter den Moselbergen, wo man keinen Weinanbau mehr vermuten möchte.
Wittlich lag an der Römischen Fernstraße von Trier nach Köln. Sehenswert ist der Marktplatz mit seinem alten Rathaus von 1650 und hübschen barocken Bürgerhäusern, Zeugen eines florierenden Handels vergangener Jahrhunderte. Im Rathaus ist heute das *Georg-Meistermann-Museum* eingerichtet worden, um auch an der Mosel den rheinländischen Künstler zu ehren. Von ihm stammen die modernen Glasfenster der Wittlicher *Markuskirche.* Auf dem Markt findet alljährlich Mitte August das große *Säubrenner Fest* statt, bei dem auch der Wein reichlich fließt.
Die der Sonne zugeneigte Steilhanglage verschaffte *Ürzig,* einem der ältesten Moselorte mit den Lagen *Ürziger Würzgarten, Ürziger Goldwingert, Urglücks* und *Urlay,* Wohlklang in den Ohren von Weinkennern. Das alte Rathaus, aber auch zahlreiche Fachwerkhäuser mit Ornamenten und geschnitzten Figuren und Fratzen, lohnen einen Besuch. Bei so viel Schönheit ist es kein Wunder, daß Ürzig als Kulisse für die Fernsehserie „Moselbrück“ erkoren wurde. Auf der Terrasse, mit Mosel- und Weinbergblick, des Hotels und Weinguts *Moselschild* kann man die Filmromantik nachempfinden. Zu einem exzellenten hauseigenen Rieslingwein empfiehlt Harald Schild gebackenen Moselaal.

Wehlener Sonnenuhr

6
5
9
4
3
10
2
11 12 1 2

Moselaal gebacken mit Limonenbutter, fritiertem Lauch und kleinen Kartoffeln

1 kg Moselaal (abgezogen und ausgenommen),
4 Limonen, Salz, Pfeffer,
etwas Mehl, Butterschmalz,
2 Stangen Lauch,
Öl zum Fritieren,
20 kleine Kartoffeln,
Kümmel, 200 g Butter,
Petersilie zum Garnieren

Den Aal in ca. 6 cm lange Stücke schneiden, mit etwas Limonensaft säuern, salzen, pfeffern, mehlieren und in Butterschmalz ca. 15 Minuten goldgelb braten.
Den Lauch der Länge nach halbieren, waschen und in 6 cm lange Stücke kürzen, diese in feine Streifen schneiden und im Fettbad bei 180 °C kurz fritieren. Die kleinen Kartoffeln waschen, schälen und beim Abkochen mit etwas Salz und ein bißchen Kümmel im Tee-Ei würzen. Für die Limonenbutter die Limonen schälen, das Fruchtfleisch in Scheiben schneiden und die Butter schmelzen.
Die Lauchstreifen wie ein Nest auf dem Teller verteilen, die gebratenen Aalstücke im Lauchnest anrichten, mit den Limonenscheiben belegen. Das Ganze mit der heißen Butter begießen und mit gehackter Petersilie garnieren.

Gegenüber auf der anderen Moselseite liegt *Erden.* Dieser Winzerort wurde berühmt durch die Weinlage *Erdener Treppchen.* Zur Bewirtschaftung müssen die Winzer jedoch erst über die Moselbrücke gehen, um zu den Schieferhängen zu gelangen.
Durch die stark mäandernde Mosel ergeben sich immer wieder der Sonne zugewandte Steillagen, die für besten Wein sorgen, so auch in *Kröv* mit seiner berühmten Weinlage *Kröver Nacktarsch,* benannt nach dem keltischen Wort *nackas,* felsige Höhe, und dies dann in Kombination mit einem nicht keltischen Begriff. Von den gepflegten Fachwerkhäusern ist das als Rathaus im 17. Jahrhundert erbaute *Dreigiebelhaus* besonders sehenswert.
Die Teile der Doppelstadt *Traben-Trarbach* sind nur durch eine Brücke über die Mosel verbunden. Traben am Hang der Eifel und Trarbach am Hunsrück liegend, werden als moselländische Jugendstilstadt bezeichnet. Der Berliner Architekt Bruno Möhring hat Anfang des 20. Jahrhunderts einige Villen, das Hotel Clauss-Feist Zum Schwanen, die Weinkellerei Kayser sowie das imposante Brückentor geschaffen.

Das Hotel Restaurant *Moseltor* ist seit 1838 im Besitz der Familie Bauer. Spezialität des Hauses sind typische Gerichte der Region, besonders mit Fischen von der Mosel.

Hotel Moseltor, Moselstraße 1, 56841 Traben-Trarbach

Menü:
Mousse von der Eifeler Räucherforelle mit kleinem jahreszeitlichen Salat

Die Gelatine in kaltem Wasser einweichen. Die Forellenfilets würfeln, mit der Brühe vermischen und mit einem Rührstab oder einem elektrischen Zerkleinerer pürieren. Die ausgedrückte Gelatine in einem warmen Wasserbad auflösen, mit einem Eßlöffel Sahne verrühren und unter die Fischmasse mischen. Die übrige Sahne steifschlagen und zusammen mit dem frischen grünen Pfeffer vorsichtig unterheben. Das Forellenmousse kühl stellen. Anschließend mit einem Eßlöffel Portionen abstechen und auf 4 Tellern verteilen. Mit kleinen Salatsträußchen dekorieren.

2 Blatt weiße Gelatine,
150 g Eifeler Räucherforelle,
6 EL Brühe,
⅛ Liter Sahne,
1 EL frischer grüner Pfeffer,
Salatblätter der Saison

Mosel-Zander auf Gartenkresse

Die in Würfel geschnittene Schalotte und Knoblauchzehe in der Butter angehen lassen. Die gewaschene Kresse dazugeben und mit etwas Brühe auffüllen. Im geschlossenen Topf die Kresse weichdünsten. Mit einem Zerkleinerer die Kresse pürieren und mit Salz und Pfeffer abschmecken. Mit etwas Butter verfeinern.
Die Zanderfilets salzen, pfeffern, in etwas Mehl wälzen und in einer Pfanne goldbraun ausbacken. Den Zander auf dem Kressepüree anrichten.
Als Beilage passen Salzkartoffeln.

1 kleine Schalotte, 1 Knoblauchzehe, 1 EL Butter, 2 große Bund Gartenkresse, etwas Brühe, Salz, Pfeffer

600 g filetierter Mosel-Zander, Mehl, Butter zum Braten

Sülze von Weintrauben mit Weinschaumcreme und Vanilleeis

Die Weintrauben häuten und in zwei Hälften schneiden. Die Gelatine in kaltem Wasser einweichen. Weißen Traubensaft mit dem Zucker aufkochen lassen. Die Weintrauben zugeben und etwa 2 bis 3 Minuten bei mäßiger Temperatur köcheln lassen. Die Weintrauben sollten noch bißfest bleiben. Den Topf von der Kochstelle nehmen. Die eingeweichte Gelatine ausdrücken und behutsam im Weintraubenkompott auflösen. In eine Terrinenform von 1,25 Liter Inhalt füllen und etwa 6 Stunden kaltstellen.

800 g weiße Weintrauben,
7 Blatt Gelatine,
450 ml weißer Traubensaft,
125 g Zucker

Für die Weinschaumcreme den Riesling mit dem Eigelb und Zucker in einen Topf geben und über einem Wasserbad zu einem cremigen Sabayon aufschlagen.
Die Weintraubensülze in Scheiben schneiden, mit der Weinschaumcreme und einer Kugel Vanilleeis dekorieren. Mit Puderzucker bestäuben.

Für die Weinschaumcreme:
50 ml halbtrockener Riesling, 2 Eigelb, 75 g Zucker, Vanilleeis, Puderzucker

Kaffee
Kuchen
Eis
Alte

Über Trarbach wacht die 1350 erbaute *Grevenburg* der Grafen von Sponheim-Starkenburg, heute eine Ruine. Ludwig XIV. hat sie in den Reunionskriegen gesprengt, wie so viele Burgen und Festungen an Mosel und Rhein. Auf der engen Moselschleife mit steilen Hängen über Traben jedoch ließ er eine mächtige Festung *Montroyal* errichten, doch als er sich 1697 nach dem Friedensschluß von Rijswijk zurückziehen mußte, sprengte er kurzerhand seine eigene Festung in die Luft.
Nach einer ausgedehnten Besichtigungstour kann man es sich in der *Alten Zunftscheune* zünftig schmecken lassen. Das aus dem 18. Jahrhundert stammende Anwesen hat Familie Niedersberg liebevoll mit Antiquitäten geschmückt.

Alte Zunftscheune, Neue Rathausstraße, 56841 Traben-Trarbach

Moselländischer Sauerbraten

Die Zutaten für den Sud zusammen aufkochen und heiß auf das Rindfleisch gießen, 2 Wochen durchziehen lassen. Danach das Fleisch trockentupfen, salzen, pfeffern und schön braun anbraten. Möhren, Lauch, Zwiebeln dazugeben und mitbraten. Einen Teil Sud und etwas Wasser angießen, das Graubrot mit hineinlegen. Etwa 2 bis 2 ½ Stunden bei geschlossenem Topf auf kleiner Hitze köcheln lassen.
Den Braten warmstellen, die Sauce mit Mehl andicken und aufkochen lassen. Mit einem Eßlöffel Rübenkraut und Fleischextrakt abschmecken. Nach Belieben etwas Sahne und Sud hinzugeben und die Sauce durchpassieren.
Wenn der Sauerbraten mit Rosinen gekocht wird, diese erst zum Schluß zufügen und ziehen lassen, damit sie nicht verkochen.
Dazu reicht man an der Mosel Kartoffelklöße und Apfelmus. Auch ein leckeres Apfelrotkraut paßt hervorragend dazu.

Für den Sud:
¼–½ Liter Essig, Sauerbratengewürz, Zucker und Salz (süß-sauer abschmecken), 1½ Liter Wasser

1,5 kg Rindfleisch (vom Bug), Salz, Pfeffer, Butterschmalz, 2 Möhren, 1 Stange Lauch, 3 Zwiebeln (kleingeschnitten), 1 große Scheibe Graubrot, Mehl, 1 EL Rübenkraut oder Rosinen, Fleischextrakt, etwas Sahne

Alte Zunftscheune in Traben-Trarbach

Ein Besuch im *REMA-Hotel Restaurant Bellevue,* dem ehemaligen Hotel Clauss-Feist, mit seinem Jugendstil-Ambiente wird zu einem Erlebnis besonderer Art. Es ist eines der führenden Häuser an der Mosel. Der Küchenchef Dandl empfiehlt:

REMA-Jugendstil-Hotel Bellevue, Am Moselufer, 56841 Traben-Trarbach

Milchzicklein in Morchelsauce mit gebratenem Stangenspargel

1 kg Milchzickleinkeule,
frischer Estragon, Salz,
frisch gemahlener Pfeffer,
50–100 g frische Morcheln oder
20–30 g getrocknete Morcheln
(1 Tag vorher einweichen),
1 Zwiebel,
Butterschmalz, Butter,
etwa 20 ml Weinbrand,
100 ml trockener Weißwein,
¼ Liter Sahne,
nach Belieben 2 TL Speisestärke

Den Becken- und Röhrenknochen entfernen oder dies schon vom Metzger erledigen lassen. An die Stelle des Knochens frischen Estragon füllen, das Fleisch binden und mit Salz sowie Pfeffer würzen. Für 10 Minuten in den auf 200–220 °C vorgeheizten Backofen geben, wenden und nochmals 5–10 Minuten garen, je nach gewünschtem Garpunkt. Das Fleisch herausnehmen und an einem 50 °C warmen Ort nochmals 10 Minuten ruhen lassen. Während dieser Zeit kann sich das Fleisch entspannen und nimmt verlorenen Fleischsaft wieder auf, so daß beim Aufschneiden kaum Fleischsaft verloren geht.
Währenddessen die Beilagen zubereiten.
Die Morcheln mehrmals gründlich waschen bis kein Sand mehr auf dem Schüsselboden zu fühlen ist und halbieren. Die Zwiebel abziehen und fein würfeln. Die Morcheln in dem erhitzten Butterschmalz anbraten, die Zwiebeln zugeben, glasig schwitzen lassen und etwas frische Butter zufügen. Mit dem Weinbrand ablöschen und flambieren. Den Weißwein zugießen, etwas reduzieren lassen und mit der Sahne auffüllen. Nun die Sauce nochmals etwas einkochen lassen bis die gewünschte Bindung erreicht ist. Nach Belieben mit etwas kalt angerührter Speisestärke binden. Sollte ein etwas kräftigerer Fleischgeschmack erwünscht sein, so kann noch etwas Bratensaft vom Zicklein zugegeben werden.

Für den Spargel:
1–1,5 kg weißer Stangenspargel,
Traubenkern- oder Distelöl, Butter,
1 Msp. Zucker, etwa 1 TL Himbeeressig

Den Spargel schälen und in 10 cm lange Stücke schneiden. Diese der Länge nach halbieren oder vierteln. Den rohen Spargel bei mittlerer Hitze in dem Traubenkern- oder Distelöl anbraten. Der Spargel sollte in den 5–10 Minuten Garzeit nicht mehr als goldgelb werden. Wenn er weich ist, etwas frische Butter, Zucker und Himbeeressig zugeben sowie nach Belieben Salz.
Dazu können Nudeln gereicht werden.

Im historischen Kern von *Pünderich* verbergen sich mittelalterliche Fachwerkhäuser. Das alte Rathaus von 1615 mit dem runden Treppenturm und, mitten im Ort das historische Eichamt für Weinfässer, erzählen von vergangenen Zeiten. Das Fährhaus von 1621 zählt zu den schönsten an der Mosel. Um zu den gegenüberliegenden Weinbergen mit der krönenden *Marienburg* zu gelangen, muß man auch heute noch eine Fähre benutzen.

Vom benachbarten *Briedel,* einem schmucken Winzerort, führt ebenfalls eine Fähre zu den Steillagen am anderen Ufer.

Die schönen Moselorte *Kaimt* und *Merl* sind heute Stadtteile von *Zell,* das durch seinen Spitzenwein *Zeller Schwarze Katz* Berühmtheit erlangt hat. Der Marktplatzbrunnen hat das Thema aufgegriffen. Sehenswert ist das ehemalige Residenzschloß der Kurfürsten von Trier aus der Mitte des 16. Jahrhunderts. Zwei Türme der im 13. Jahrhundert erbauten Stadtmauer sind bis heute erhalten geblieben: der viereckige *Balduinsturm* im Bachtal an der alten Poststraße sowie der runde Pulverturm, von Weinreben eingerahmt, als Wahrzeichen von Zell. Der Name Zell leitet sich ab vom lateinischen *cella,* Vorratsraum, weil die Römer hier wohl eine Rast- und Versorgungsstation eingerichtet hatten. Eine Straßenbrücke sowie eine Fußgängerbrücke führen direkt zu berühmten Lagen wie der des *Zeller Hamm.*

Von einer ausgedehnten Wanderung in den schönen Winzerort Zell zurückgekehrt, gelangen wir in der Fußgängerzone vorbei an der alten Kirche St. Peter und Paul zur Stadtschenke, ein uns empfohlenes Restaurant. Das über zwei Jahrhunderte alte Haus hat die Familie Moser vor etwa sieben Jahren übernommen. Frau Kerstin Moser führt mit ihrem Mann die Küche und umsorgt mit einer umsichtigen Fachfrau ihre Gäste. Hier ist man zu Hause, hier fühlt man sich wohl. Hausspezialitäten, besonders aus der Moselregion, mit frischen Produkten liebevoll zubereitet, machen einem die Wahl nicht leicht. Aber zunächst nehmen wir den empfohlenen Wein-Aperitif, eine Spezialität des Weingutes Reiss aus dem nahegelegenen Kinheim-Kindel. Hergestellt wird er aus eigenem Moselwein, aromatisiert mit 16 ausgesucht wertvollen Kräutern und einem Schuß Geheimnis.

Hotel Bellevue

Zell pflegt eine städtepartnerliche Beziehung mit Crépy-en-Valois (Frankreich) und Antoing (Belgien) sowie Triptis in Thüringen. Gäste aus diesen Ländern kehren gern in der Stadtschenke ein.

Stadtschenke, Balduinstraße 78, 56856 Zell

Ratsherrenteller à la Moser

Die Zwiebeln abziehen und klein schneiden. Butterschmalz in einer Pfanne erhitzen und die Zwiebeln darin leicht anbraten. Mit dem Riesling ablöschen. Essig und Fleischbrühe angießen und vom Herd nehmen. Salz, Pfeffer, Lorbeerblatt und Wacholderbeeren zufügen. Die Steaks in eine Schüssel legen, mit der Marinade übergießen und abgedeckt 24 Stunden gekühlt stehen lassen.
Für die Sauce die Butter in einem Topf erhitzen. Das Mehl hineinstreuen und goldgelb durchschwitzen lassen. Mit knapp ½ Liter durchgeseihter Marinade ablöschen. 8–10 Minuten köcheln lassen, mit der Sahne verfeinern und mit Salz, Pfeffer, Piment und Muskatnuß abschmecken.
Das Butterschmalz in einer Pfanne erhitzen und die trockengetupften Schweinesteaks beidseitig je etwa 3–4 Minuten braten.
Dazu gibt es Speckböhnchen und Salzkartoffeln.
Die grünen Bohnen eventuell einmal schräg durchschneiden. Wenn sie sehr klein sind, ist dies nicht nötig. Die Zwiebel abziehen und hacken. Den Speck fein würfeln. Die Hälfte der Butter in einem Topf erhitzen und die Zwiebel dann leicht andünsten. Die Bohnen zufügen, salzen und mit ⅛ Liter Wasser begießen. Das Bohnenkraut zufügen und je nach Größe der Bohnen 10–20 Minuten köcheln lassen. Mit wenig Pfeffer würzen. Die restliche Butter in einer Pfanne erhitzen die Speckwürfel kurz darin auslassen. Über die Böhnchen geben und mit den Steaks servieren.

Für die Marinade:
2 Zwiebeln, 40 g Butterschmalz,
½ Liter Mosel-Riesling, vorzugsweise
Zeller Schwarze Katz,
⅛ Liter Weinessig,
etwa ⅛ Liter gut gewürzte Fleischbrühe,
Salz, frisch gemahlener Pfeffer,
1 Lorbeerblatt, 8 Wacholderbeeren
4 entbeinte Schweinesteaks
von etwa 200 g

Für die Sauce:
40 g Butter, 25 g Mehl, 5–6 EL Sahne,
1 Msp. Piment,
1 Msp. abgeriebene Muskatnuß

Zum Braten der Steaks:
40 g Butterschmalz

Für die Speckböhnchen:
750 g junge grüne Buschbohnen
(Prinzeßböhnchen), 1 Zwiebel,
100 g magerer Speck, 50 g Butter,
Salz, Bohnenkraut, Pfeffer

Moselufer mit Hotel Bellevue in Traben-Trarbach

Riesling-Weingelee mit Vanillesauce

6 Blatt weiße Gelatine, ½ Liter Riesling-Wein, 1 TL abgeriebene Zitronenschale, 1 Tütchen echter Vanillezucker, Zucker nach Geschmack

Für die Garnitur:
⅛ Liter Sahne,
etwa 12 Trauben

Für die Vanillesauce:
½ Liter Milch, 15 g Stärkemehl,
30 g Zucker, 1 Msp. Salz,
½ Vanilleschote, 1–2 Eigelb

Die Gelatine 5–10 Minuten in kaltem Wasser einweichen.
Den Wein leicht erwärmen und die ausgedrückte Gelatine darin auflösen. Mit Zitronenschale, Vanillezucker und Zucker abschmecken. Portionsweise in Glaskelche füllen, kaltstellen, bis sie fest geworden ist. Mit geschlagener Sahne und Trauben garniert servieren.
Von der kalten Milch einige Eßlöffel abnehmen und mit dem Stärkemehl verrühren. Die restliche Milch mit Zucker, Salz und aufgeschnittener und ausgekratzter Vanilleschote zum Kochen bringen. Die Milch vom Herd nehmen, die Schote entfernen und das angerührte Stärkemehl hineinrühren. Kurz aufkochen lassen und mit dem Eigelb abziehen.

Tip: Nach dem Trocknen der Vanilleschote diese mit Zucker in ein Schraubglas füllen und selbst Vanillezucker herstellen.

Ein interessantes Bauwerk spannt sich bei *Bullay* über die Mosel. Die Doppelbrücke für Bahn und Straße galt zur Bauzeit 1878 als technische Meisterleistung. Mit einer Personenfähre setzt man direkt zum Wein- und Luftkurort *Alf* über. Von der benachbarten *Burg Arras* hat man einen wunderbaren Rundblick über die Moselschleife. Über die Straße durch das Alfbach- und Üßbachtal aufwärts gelangt man nach *Bad Bertrich* am südlichen Auslauf der Vulkaneifel. Das Bad besitzt die einzige warme Glaubersalzquelle Deutschlands, die schon den Römern bekannt war. Mit dem malerischen kurfürstlichen Schlößchen, dem Kurhotel, einem neubarocken Kursaal mit Trinkhalle und neuklassischem Bäderhaus, eingerahmt von einem idyllischen Kurpark, wirkt alles gemütlich klein. Niemand hat die Szene treffender beschrieben als der Arzt *Dr. Hoffmann,* der Verfasser des Struwwelpeters, der 1849 meinte: *Man fürchtet, irgendeiner packe dieses Spielzeugbad in irgendeine Schachtel und trage es davon.*
Zurück zur Mosel, hinter einer Staustufe mit Schleuse, erscheint die Brücke, die den Weinort *Bremm* mit *Neef* verbindet. Moselabwärts auf einer flachen Landzunge steht die malerische *Klosterruine Stuben.* Das 1137 gegründete Augustinerinnenkloster wurde 1788 in ein freies adliges Damenstift umgewandelt, aber einige Jahre später von den französischen Revolutionstruppen aufgelöst. Umliegende Gemeinden benutzten es danach als Steinbruch.

Moselschleife bei Bremm

Gipfelkreuz
Bremm

Gegenüber liegt der Doppelort *Ediger-Eller.* Beide sind keltischen Ursprungs, Eller bedeutet Erlendorf und Ediger, *ethegreia* bedeutet Sandufer. Die Kreuzkapelle auf dem Ediger Berg birgt das aus dem 16. Jahrhundert stammende Reliefbild *Christus in der Kelter,* ein Zeugnis moselländischer Frömmigkeit. Eller besitzt seit 1879 einen Bahnhof in der Nähe des Südausganges des Kaiser-Wilhelm-Tunnels, der durch den Krampen führt und mit 4205 Meter Länge bis vor kurzem zu den längsten Tunneln Deutschlands zählte. Sehr um ihre Gäste bemüht ist die Familie Saffenreuther.

Moselromantik-Hotel Zum Löwen, 56814 Ediger-Eller

Rehrücken auf Morchelschaum

Für den Rehrücken:
1 Rehrücken von etwa 2–2,5 kg Gewicht, Pflanzenfett zum Braten

Für die Grundsauce:
100 g Mohrrüben, 50 g Sellerie,
2 kleine Zwiebeln (feingewürfelt),
Pflanzenfett zum Braten, Lorbeerblatt,
Thymian, Majoran, Knoblauch,
Tomatenmark, Salz, Pfeffer,
100 ml Rotwein, etwa 1 l Wasser

Für die Sauce:
20 g getrocknete Morcheln,
100 g geputzte und gewaschene Morcheln,
2 Schalotten, Salz, Pfeffer, 60 g Butter,
200 g flüssige Sahne,
50 g geschlagene Sahne

Die Rehrückenfilets auslösen, von allen Häuten und Sehnen befreien. Bis zur Zubereitung das Fleisch im Kühlschrank aufbewahren. Von den Sehnen, Knochen und den anderen Zutaten eine kräftige Wildsauce (Grundsauce) herstellen, auf 200 ml einreduzieren und abschmecken.
Die getrockneten Morcheln einweichen und die frischen Morcheln mehrfach gründlich waschen. Die Schalotten fein schneiden.
Die Rückenstränge in 180 g große Stücke schneiden. Das Pflanzenfett erhitzen und darin anbraten, die Filets erst etwas später zugeben. Das Fleisch im Backofen bei 100 °C etwa 20–25 Minuten warmhalten, damit sich der Fleischsaft binden kann und der Rehrücken beim Servieren eine zartrosa Farbe hat, salzen und pfeffern.
Währenddessen die Hälfte der Butter in einem Topf erhitzen und die Schalotten glasig anschwitzen. Die eingeweichten (getrockneten) Morcheln zugeben, mit Salz und Pfeffer würzen und mit dem Wildfond auffüllen. Die Sahne zufügen, die Sauce köcheln lassen und mit dem Zauberstab fein mixen. Kurz vor dem Servieren die geschlagene Sahne zufügen. Die frischen Morcheln in der restlichen Butter kurz anschwitzen, mit Salz und Pfeffer abschmecken. Nach dem Fertigstellen die Sauce sofort auf die vorgewärmten Teller geben. Die Rückenfilets aus dem Ofen nehmen, in 2 cm dicke Scheiben schneiden, auf der Sauce anrichten und die Morcheln darüber geben.

Als Beilage eignen sich frische Nudeln oder Kartoffelgratin.
Weinempfehlung: halbtrockener Mosel-Riesling.

Am Südufer der nächsten Moselkehre liegt von Weinbergen eingerahmt der kleine Ort *Nehren*. Gegenüber auf dem Hochkessel, der höchsten Erhebung am anderen Moselufer, befinden sich die Überreste einer keltischen Fliehburg. In den Weinbergen oberhalb von Nehren wurden Grabtempel mit Wandgemälden aus der Römerzeit entdeckt und rekonstruiert. Von hier oben kann man einen herrlichen Blick auf das Moseltal und den bewaldeten Hunsrück genießen.
Vorbei geht es an den Winzerdörfern *Senhals* und am rechten Ufer *Senheim*. Im Wohnturm der alten Vogtei aus dem 13. Jahrhundert wurde eine Werkstatt mit einer Künstlerbegegnungsstätte des Bildhauers und Grafikers *Christopf Anders* eingerichtet. Der große Senheimer Hafen wird von Berufsschiffern ebenso wie von Motor- und Segelbooten aufgesucht.
Das Moseldörfchen *Briedern* hat wohl schon lange nicht nur vom Wein gelebt. Ein Schiff im Dorfwappen deutet an, daß man sich hier schon sehr früh auf den Schiffbau, schwere hölzerne Lastkähne, wie sie auch auf den Bildern des Romantikmalers *Wilhelm Turner* zu sehen sind, spezialisiert hatte. Heute ist Briedern Sitz einer Moselreederei. Mit großen eleganten Hotelschiffen werden Gästen aus aller Welt die Schönheiten der Mosel und Winzerorte vorgeführt.
Hinter der nächsten Moselschleife taucht das vom mittelalterlichen Ortsbild geprägte *Beilstein* mit seiner überragenden Burgruine Metternich auf. Das Ministädtchen drängt sich mit seinem Marktplatz von 1322, dem alten Amtshaus, dem Winneburger Zenthaus von 1577, der ehemaligen Dorfkirche St. Christoph, in eine Bergnische am Ufer. Der ganze Ort steht unter Denkmalschutz. In den 50er Jahren durfte Beilstein mit seinem romantischen Charme als Kulisse für mehrere Filme wie „Der fröhliche Weinberg", „Wenn wir alle Engel wären" und „Moselfahrt aus Liebeskummer" dienen. Das historische Ambiente nutzte 1952 Konrad Adenauer, um den italienischen Ministerpräsidenten De Gasperi auf der Terrasse des Amtshauses bei Moselwein für den Europagedanken zu gewinnen. Über die Klostertreppe mit mehr als 100 Stufen steigt man an schmucken Fachwerkhäusern vorbei hinauf zur Klosterkirche der Karmeliter, von wo man eine eindrucksvolle Aussicht genießt.
Lange Zeit war die Gierfähre, die an einem Seil gleitend befestigt ist und nur durch die Flußströmung zum anderen Ufer getrieben wird, die einzige Verbindung.
Nach Passieren einer Staustufe bei *Fankel* gelangen wir nach *Bruttig*, wo einer der drei großen Moselhumanisten, Peter Schade genannt Petrus Mosellanus, 1492 geboren wurde. Nach seinem Studium in Köln wurde er mit 26 Jahren Rektor der Universität Leipzig.

Das langgestreckte Tal der Untermosel

Die stolze Reichsburg grüßt schon von weitem. Ihr zu Füßen liegt die Kreisstadt Cochem. Sie ist eine vielbesuchte Touristen- und Einkaufsstadt. Wie in so vielen Orten an der Mosel haben auch hier bereits Kelten und Römer gewohnt. Urkundlich erstmals 886 erwähnt, wurde mit dem Bau der Pfalzgrafenburg Anfang des 11. Jahrhunderts begonnen. 1151 fiel sie ans Reich und 1294 an Kurtrier. Schließlich wurde die Reichsburg von den Truppen Ludwigs XIV. zerstört. Der Berliner Kommerzienrat Ravené, ein Hugenotte, kaufte die Ruine kurz entschlossen und ließ sie in den Jahren 1872 bis 1877 fast stilecht rekonstruieren. Heute ist sie Eigentum der Stadt Cochem und Ziel vieler Touristen.
Im Stadtzentrum liegt die *Alte Thorschenke,* ein historisch interessantes Gebäude aus dem 14. Jahrhundert. Die Innenräume, mit Antiquitäten ausgestattet, strahlen eine gemütliche Atmosphäre aus. Die Küche bietet unter anderem auch Spezialitäten von Fisch und Wild der Region, dazu erlesene Weine aus eigenem Anbau.

Alte Thorschenke, Brückenstraße 3, 56812 Cochem

Weinbergschneckenragout im Teigmantel

Die Kräuterbutter schmelzen, alle anderen Zutaten hinzugeben, anschwitzen und mit dem Weißwein ablöschen. Die Sahne zugießen, einige Minuten köcheln lassen und abschmecken.
Aus den angegebenen Zutaten einen Teig herstellen, etwas gehen lassen, dünn ausrollen und zu runden Scheiben von etwa 8 cm Durchmesser ausstechen. Diese mit Eigelb bestreichen, mit Ragout füllen und zu Taschen zusammenklappen. Schwimmend in heißem Fett ausbacken.
Nach Belieben zu einem Wingertsalat servieren.

30 g Kräuterbutter, 40 g Tomatenwürfel, 1 zerdrückte Knoblauchzehe, 30 g Schalottenwürfel, 12–15 Weinbergschnecken, 30 ml Riesling-Wein, 30 ml Sahne, gehackte Petersilie, Salz, Zitronensaft

Für den Teig:
etwa 130 g Mehl, 3 g Hefe, 20 g Butter, 1 Ei, 30 ml Wasser, Salz, Pfeffer, 1 Eigelb zum Bestreichen, Fett zum Ausbacken

Burgruine Metternich bei Beilstein

Nach ausgedehnten Besichtigungen der Altstadt mit dem Enderttor von 1322, dem Marktplatz mit Brunnen und barockem Rathaus von 1737, dem Kapuzinerkloster von 1623, kommt man auf der ansteigenden Obergasse in Richtung Balduinstor zum *Hotel-Restaurant Lohspeicher.* Das 1832 erbaute Gebäude diente bis zum Ende des 19. Jahrhunderts als Speicher für Lohe und Eichenrinde, die zur Gewinnung von Gerbsäure zur Lederverarbeitung benötigt wurde. In der stilvoll historischen Atmosphäre des Hotels kann man sich von Birgit und Ingo Beth mit Gerichten der gehobenen Regionalküche und mit gepflegten Weinen verwöhnen lassen.

Hotel-Restaurant Lohspeicher, Obergasse 1, 56812 Cochem

Gefüllte Maifelder Wachtel in Mosel-Spätburgunder-Sauce auf roter Zwiebelmarmelade mit Schupfnudeln

1 Stück Poulardenbrustfilet ohne Haut
Salz, Pfeffer, 1 Eiweiß, 120 ml Sahne
150 g gemischte Pilze, 30 g Butter,
1 Schalotte, Knoblauch,
1 Bund gemischte Kräuter,
4 Wachteln à 150 g (hohl ausgelöst)

0,3 Liter Spätburgunder,
250 g Beerenmischung, Salz, Pfeffer,
Lorbeer, Knoblauch, Wacholder, Zucker,
500 g rote Zwiebeln, Fond,
0,2 Liter Himbeer-Essig

250 g Kartoffeln, festkochend,
80 g Mehl, 1 Eigelb, 25 g Grieß, Salz,
Muskat, Butter

4 Wachtelkarkassen, Öl,
Röstgemüse (Möhre,
½ Metzger-Zwiebel, Lauch, Sellerie),
1 EL Tomatenmark, 0,2 Liter Wasser,
0,5 Liter Spätburgunder, Mondamin

Wachteln füllen: Poulardenbrustfilet in Würfel schneiden, mit Salz sowie Pfeffer würzen und das Eiweiß untermischen, anfrieren. Die angefrorenen Stücke in den Mixer geben und starten. Nach und nach die Sahne hinzufügen. Diese Masse durch ein feines Sieb streichen und in den Kühlschrank stellen. Gemischte Pilze klein hacken und in Butter mit Schalottenwürfel braten. Mit Salz, Pfeffer und Knoblauch würzen. Pilze auf ein Papiertuch geben und trocken tupfen. Farce, Pilze und gehackte Kräuter mischen, in einen Spritzbeutel geben. Die von innen gewürzten Wachteln mit der Farce füllen. Beinknochen mit Alufolie zusammenbinden, bereitstellen.
Zwiebelmarmelade: Spätburgunder mit der Beerenmischung, Salz, Pfeffer, Lorbeer, Knoblauch, Wacholder und Zucker aufkochen. Pürieren-passieren. Zwiebeln schälen, in Ringe schneiden und in dem Fond gar kochen. Himbeeressig hinzugeben und ständig rühren.
Die Kartoffeln kochen und durch ein Sieb streichen. Die warme Masse mit Mehl, Eigelb, Grieß, Salz und Muskat mischen. In der hohlen Hand zu Schupfnudeln formen (rollen) und in Salzwasser blanchieren. Diese in Eiswasser abschrecken und in Butter goldgelb braten.
Die Karkassen in Öl anrösten. Röstgemüse in würfelgroße Stücke schneiden und hinzugeben. Alles ca. 2 Stunden rösten, Tomatenmark hinzugeben, mit Wasser und Burgunder ablöschen. 1 Stunde köcheln lassen. Danach durch ein feines Tuch passieren, reduzieren, eventuell abbinden und erneut passieren.
Anrichten: Zwiebelmarmelade in der Mitte des Tellers plazieren. Schupfnudeln sternförmig anlegen. Wachtel quer über der Brust aufschneiden und auf die Marmelade setzen. Die Sauce rundherum angießen.
Als Gemüsebeilage eignen sich Zuckerschoten, Brokkoli und Kohlrabigemüse.

Reichsburg bei Cochem

Von Cochem aus lassen sich herrliche Wanderungen unternehmen. Der *Pinnerberg,* so genannt nach dem dort abgestürzten Schäfer, kann auch mit der Sesselbahn „erklommen“ werden. Von dort bietet sich eine schöne Aussicht auf Cochem mit der Reichsburg sowie über das weite Moseltal. Ein Fußweg führt von hier zum nahegelegenen Wildpark Klotten. Interessant wird auch eine Wanderung durch das Endert-tal hinauf zur Ruine Winneburg. Auf dem Rückweg bietet sich das idyllisch gelegene Restaurant *Weißmühle* zum Rasten an. Auf der schön gelegenen Terrasse oder in der rustikal eingerichteten gemütlichen Müllerstube werden von Familie Gerhartz und Zimmer unter anderem Forellen aus eigener Zucht, auf einem heißen Schieferstein serviert.

Hotel Restaurant Weißmühle, Enderttal, 56812 Cochem,

Forelle „Wilddieb-Art“

Man nehme eine fangfrische Forelle, schneidet sie auf, und nimmt die Innereien heraus, säubert sie anschließend sorgfältig unter klarem Wasser. Dann würzt man sie mit Salz und Zitronensaft, füllt sie mit einer Kräutermischung aus gehackter Petersilie, Schnittlauch, Kerbel und Dill.

Man wärmt eine Pfanne vor und gibt einen Eßlöffel Margarine sowie einen Eßlöffel Butter dazu und brät die Forelle ca. 6 bis 7 Minuten jeweils auf beiden Seiten.

Danach legt man sie auf einen vorgewärmten Schieferstein, der die Form eines Fisches hat.

Als Beilage servieren wir dazu Pellkartoffeln, die wir in Salzwasser mit Kümmel gekocht haben und einen schönen Salatteller.

Von der ausgedehnten Moselpromenade kann man dem Treiben auf dem Fluß zusehen. Mit der Personenfähre hat man schnell das andere Ufer erreicht und gelangt zum Yachthafen von Cochem-Cond. In der schönen Jahreszeit ist in Cochem immer etwas los:

Moselweinwoche direkt nach Pfingsten,
Burgfest am ersten Wochenende im August,
Weinfest am letzten Wochenende im August,
Quetschefest am zweiten Wochenende im September,
Federweißenfest am ersten Wochenende im November.

Burg Eltz

BURG ELTZ

Moselabwärts hinter Cochem folgt auf der linken Moselseite der kleine Weinort *Klotten.* In der den Ort überragenden Burgruine *Coraidelstein* aus dem 10. Jahrhundert schafft der Künstler *Wendelin Stahl* Glasurkeramiken, die durch ihre Form und Brillanz weltweit Anerkennung und Liebhaber gefunden haben.

Der Name des nächsten Ortes *Pommern,* von pomaria (Obstgarten), verweist darauf, daß die Römer hier neben Wein auch Obst angebaut haben. Tradition verpflichtet. So wird heute in Pommern Obst veredelt. Europas bester Williamsbrand kommt aus diesem Ort, genauer gesagt aus der *Brennerei Vallendar.* Bei der vom Magazin „Der Feinschmecker" ausgeschriebenen Verkostung wurden die Brände nahmhafter Erzeuger Europas getestet. Hubertus Vallendar, dessen Name in Fach- und Kennerkreisen ein Begriff ist, übernahm 1984 die elterliche Brennerei. Inzwischen destilliert er über 20 Obstsorten: Früchte von Streuwiesen, Mirabellen aus Lothringen, Williamsbirnen von der Rhône, um nur einige zu nennen. Nur beste Qualität kommt als Grundlage in Frage. Das Projekt „Roter Weinbergpfirsich", das von ihm zusammen mit dem Winzer Reinhard Löwenstein vom Weingut Heymann-Löwenstein in Winningen ins Leben gerufen wurde und unter der Schirmherrschaft des Staatsministers Rainer Brüderle steht, verzeichnet erste Erfolge. Der Brand dieser kleinen überaus aromareichen Früchte ist für die Terrassenmosel geschützt.

Viele Zeugnisse aus keltischer und römischer Zeit sind in Pommern gefunden worden, so auch der Gedenkstein an den Griechen *Tychikos,* der durch Wein von schwerer Krankheit geheilt wurde. Im *Weingut Josefshof* kann man die Arbeit des Weinbauern kennenlernen. Hier heißt es „Gäste pflanzen einen Wingert". Nach harter Arbeit kann man den Tag beim Verkosten des Weins und moseltypischer Gerichte fröhlich ausklingen lassen.

Treis auf der Hunsrückseite kann gleich mit zwei Burgen aufwarten: Burg Treis aus dem 11. Jahrhundert steht nur noch als Ruine, die *Wildburg* dagegen ist in Privatbesitz und bewohnt. Treis ist seit 1969 mit *Karden* vereint und durch eine Brücke verbunden. Karden liegt an der Eisenbahnstrecke Koblenz–Trier. Der Bahnhof ist ein schönes Beispiel des Jugendstils. Die Stiftskirche St. Castor, der *Kardener Dom,* aus dem 12. Jahrhundert, birgt einen sehenswerten gotischen Hochaltar mit der „Anbetung der Heiligen Drei Könige" in Terrakotta von 1430.

Aus dem mit sehenswerten Fachwerkhäusern wie dem *Halfenhaus,* früher ein Rasthaus für Moselschiffer, geschmückten Weinort *Müden* stammt die Familie des Koblenzer Publizisten und Gelehrten *Joseph Görres.*

Von dem schönen Weinort *Moselkern* mit ebenfalls alten Fachwerkhäusern und der *Valeriuskirche* mit ihrem romanischen Turm sowie dem bemerkenswerten *Merowingerkreuz* aus dem 7. Jahrhundert führt ein reizvoller Wanderweg durch das Eltzbachtal zur *Burg Eltz.* Im 10. Jahrhundert erbaut, wurde sie 1268 unter den drei

Linien der Grafen Eltz aufgeteilt. Jede Linie errichtete ihr eigenes Burghaus. Seit der Zeit ist die Burg immer bewohnt geblieben und wurde nie zerstört. Sie gilt als Idealbild deutscher Burgromantik.

An der Untermosel setzt sich die Reihe der Burgen fort. Die 1270 von Kurtrier erbaute *Burg Bischofstein* mit dem markanten weißen Ring am runden Bergfried beherbergt heute ein Landschulheim. Von der gegenüberliegenden Moselseite grüßt die Mitte des 12. Jahrhunderts errichtete *Ehrenburg* mit ihren markanten Doppeltürmen herüber. Mit der Autofähre kann man nach *Burgen* an der Beybachmündung übersetzen, von wo aus sich herrliche Wanderwege erschließen. Das idyllische Beybachtal mit vielen Wassermühlen, von denen einige zu gemütlichen Gaststätten umfunktioniert wurden, ist ein Geheimtip. Von *Brodenbach* kann man durch das wildromantische Ehrbachtal die Ehrenburg erwandern. In der imposanten Burgruine hat sich heute ein Restaurant-Hotel etabliert. Der Bootshafen von Brodenbach lockt viele Wassersportler an.

Im Weindorf *Hatzenport* beeindruckt der alte Fährturm. Auf sonnigen Terrassen entlang des Ufers kann man bei einem Gläschen Moselwein den vorbeifahrenden Schiffen nachschauen. Über dem Ort liegt inmitten der Weingärten die spätgotische *Johanneskirche.* Eine Straße führt von hier aus in das von Vulkan- und Lösböden bedeckte fruchtbare Hochland *Maifeld.* Nach den Kelten kamen die Römer und gründeten das *Castell ambiativum,* in dem Kaiser *Caligula* geboren sein soll. Das Münster, dem der heutige Ort *Münstermaifeld* seinen Namen verdankt, wirkt wie eine Burg Gottes. Sehenswert ist der berühmte Goldaltar, geschaffen Anfang des 16. Jahrhunderts von einem unbekannten Antwerpener Meister.

Von *Löf* führt eine Brücke über die Mosel zum malerischen Weinort *Alken* am Hang des Hunsrücks gelegen. Im Mittelalter besaß Alken Stadtrechte. Von seiner Wehrhaftigkeit zeugen heute noch Reste der Ringmauer wie die Faller Port, der dicke Rundturm am Ufer sowie Teile des Bachturms. Viele Fachwerk-Weinhöfe zieren den alten Teil Alkens. Außerhalb, etwas erhöht am Hang, liegt die im Kern romanische Dorfkapelle St. Michael mit Fresken aus dem 13. und 15. Jahrhundert Alles überragend beherrscht die *Doppelburg Thurant* das Moseltal.

Die am Moselufer langgestreckten Weinorte *Oberfell* und *Niederfell* besitzen guterhaltene Fachwerkhäuser und sind bevorzugte Ausgangspunkte für Kurzwandrungen in die *Niederfeller Schweiz* und zur Ruine der ehemaligen Wallfahrtskirche auf dem Bleidenberg. Der Name rührt von den Schleudermaschinen her, die vom Plateau dieses Berges 1248 die gegenüberliegende Burg Thurant beschossen haben sollen. Vom Bleidenberg bietet sich eine schöne Aussicht auf Alken, sowie das Moseltal mit den Eifelhöhen.

Der Wein- und Obstanbauort *Dieblich* war im Mittelalter von einer Ringmauer umschlossen. Bis heute erhalten geblieben sind nur die *Heesenburg* der Herren von Arken sowie der *Pfarrhof* der Zandt von Merl.
Wer nach einer ausgedehnten Wanderung sich kulinarisch verwöhnen lassen möchte, ist mit der *Halferschenke* gut beraten. Das Bruchsteinhaus wurde 1832 erbaut und diente in der Vergangenheit als Rasthaus für Moselschiffer und Treidelleute, die mit Hilfe ihrer Zugpferde die Schiffe den Fluß hinaufzogen. Inhaber Eva und Thomas Balmes haben in liebevoller Kleinarbeit ein Landgasthaus mit besonderem Ambiente geschaffen. Vier freundliche komfortable Gästezimmer, Restaurant, Gesellschaftsräume und der hübsche Hofgarten versprechen gemütliche Stunden bei traditionellen Gerichten gehobener Qualität, gepflegten Weinen der Moselregion, aber auch aus anderen Weinanbauländern.

Restaurant Halferschenke, Hauptstraße 63, 56332 Dieblich/Mosel,

Frischlingsrücken mit Holunder-Weinbergpfirsichkompott

Für 8 Personen
1 Frischlingsrücken
(etwa 1,6 kg ohne Knochen),
Salz und Pfeffer aus der Mühle,
75 g Butterschmalz

Frischlingsrücken in vier gleichgroße Stücke teilen, salzen und pfeffern. Butterschmalz in einer großen Pfanne erhitzen und das Fleisch darin von beiden Seiten je 1 Minute anbraten. Alle 4 Stücke in Alufolie einschlagen und im vorgeheizten Backofen bei 180 bis 200 °C etwa 15 Minuten nachgaren.

750 g Weinbergpfirsiche,
5 Dolden Holunder, 1 EL Zucker,
8 EL Rotwein, 80 g Butter

Die Pfirsiche schälen, halbieren und entkernen, anschließend in 2 cm große Würfel schneiden. Holunderbeeren von den Dolden streifen. Alle Früchte mit Zucker bestreuen und in den Bratenfond geben. Unter Schwenken karamalisieren, mit dem Rotwein ablöschen, einkochen lassen und die Butter in Flöckchen einrühren. Das Fleisch aus der Folie nehmen und auf einem Brett (möglichst mit Saftrille) schräg in Scheiben schneiden. Fleischsaft vom Brett zum Kompott geben. Frischlingsrücken auf vorgewärmten Tellern mit dem Kompott anrichten und garnieren.
Als Beilage eignen sich besonders Bandnudeln, Spätzle oder Rösti.

Halferschenke in Dieblich

6 Eigelb, 110 g Zucker, 3 Eiweiß, 250 ml Sahne, 2 EL Traubenlikör, 2 EL Tresterbrand, Minze oder Zitronenmelisse, frische Früchte der Saison, Puderzucker oder Kakaopulver

Geeistes Tresterparfait

Eigelb mit 35 g Zucker schaumig schlagen. Eiweiß mit 75 g Zucker zu Eischnee schlagen. Die Sahne steif schlagen. 3 Eßlöffel der schaumigen Eigelbmasse vorsichtig in den Eischnee rühren. Traubenlikör und Trester langsam unterrühren. Zunächst restliche Eigelbmasse, dann geschlagene Sahne unterziehen. Sofort in Formen (Tassen) füllen und mindestens 12 Stunden frieren.
Die Formen aus dem Gefrierfach nehmen, kurz in warmes Wasser tauchen, mit einem Messer das Parfait aus der Form lösen und auf Teller stürzen. Mit Minze oder Zitronenmelisse und frischen Früchten dekorieren und mit Puderzucker oder Kakaopulver bestäuben.

Die Räume schmücken Gemälde moderner Kunst von regelmäßigen Ausstellungen und tragen geschmackvoll zur Dekoration bei.
Eva und Thomas Balmes sind Mitglieder der Arbeitsgemeinschaft *Köche und Winzer an der Terrassenmosel,* die sich die Aufgabe gestellt hat, dieser Region der Mosel durch herausragende Akzente im kulinarischen, kulturellen sowie künstlerischen Bereich zu besonderer Anziehungskraft zu verhelfen.
Dieser Arbeitsgemeinschaft gehören ferner an:
Gasthaus Burg Thurant, Gaby und Peter Kopowski, Moselstraße 15, 56332 Alken
Gutsschenke Birgitt Höreth-Schaaf, Fährstraße 6, 56333 Winningen
Moselromantik-Hotel „Zum Löwen“, Moselweinstraße 23, 56814 Ediger-Eller
Restaurant Marais, Jean-Pierre Marais, Oberburg, 56330 Kobern-Gondorf
Hotel-Restaurant Pistono, Hauptstraße 30, 67332 Dieblich
Gasthaus „Zur Post“, Familie Klaus Berens, 56818 Klotten
Lubentiushof, Weingut Andreas Barth, Kehrstraße 16, 56332 Niederfell
Sektkellerei von Canal, Wolfgang von Canal, Graf-Sponheim-Straße 10, 56333 Winningen
Weingut Reinhold Franzen, Inh. Ulrich Franzen, 56814 Bremm
Weingut Freiherr von Heddesdorf, Andreas von Canal, Am Moselufer, 56333 Winningen
Weingut Heymann-Löwenstein, Bahnhofstraße 10, 56333 Winningen
Weingut Reinhard und Beate Knebel, August-Horch-Straße 24, 56333 Winningen
Weingut Schneiders & Moritz, 56829 Pommern/Mosel
Wein- und Sektgut Thielen, Im Stephansberg, 56856 Zell-Merl
Brennerei Gabriele und Hubertus Vallendar, Mühlenstraße 5, 56829 Pommern

Zur Kirschblütenzeit im Frühjahr schwimmt Dieblich in einem weißen Meer und lockt viele Besucher an.

Von Niederfell gelangt man über die Moselbrücke zu dem Doppelort *Kobern-Gondorf. Gondorf* wurde schon 562 n. Chr. vom Dichter Vinantus Fortunatus in seinem Moselgedicht genannt. Eine der wenigen Wasserburgen an der Mosel wurde im 12. Jahrhundert in Gondorf auf Felsen gebaut, wo sie von der Mosel und dem Nothebach umflossen wird. Leider mußten wegen der Enge des Tals zwei Tore durch die historischen Gebäude gebrochen werden, um Eisenbahn und Straße hindurchzuführen. Nicht weit entfernt liegt die *Gondorfer Niederburg* mit dem fünfgeschossigen Turmhaus aus dem 13. Jahrhundert, dem ehemaligen Sitz der Barone von Liebieg. Das Schloß wurde Mitte des 19. Jahrhunderts im neoromanischen Stil ausgebaut. Es birgt heute Antiquitäten und Kunstwerke, die erworben werden können. Der Spiegesaal verleiht besonderen Veranstaltungen wie Konzerten, Ausstellungen und Familienfeiern ein besonders festliches Ambiente. Im Park wurden Reste einer römischen Villa sowie ein römisches und fränkisches Gräberfeld mit vielen kost-

Gondorf

baren Beigaben entdeckt. Den Ortskern schmücken schöne Fachwerkhäuser und die romanische Kirche.

Eine kleine Wanderung führt oberhalb von Gondorf zu dem interessanten Versuchsfeld der *Photovoltaikanlage,* einem Zukunftsprojekt zur Gewinnung von Solarenergie.

Den Winzern der Terrassenmosel ist die Nutzbarmachung der Sonnenenergie nichts Neues. Die steilen Hänge mit bis zu 60 Grad Steigungswinkel nutzen sie zum Anbau der edlen Rieslingrebe. Wenn die Sonne untergegangen ist, sind die grau-braunen Schieferböden noch warm und geben bis tief in die Nacht ihre Wärme wieder ab. Der berühmte Mauerwein ist von der Sonne besonders verwöhnt worden. Die Winzer der Untermosel haben sich 1981 zur *Erzeugergemeinschaft Deutsches Eck* mit Sitz in Kobern-Gondorf zusammengeschlossen mit eigenen besonders hohen Wein-Qualitätsanforderungen:

- Aus 100 % sortenreinem Riesling erzeugt
- Auf Steillagen gewachsen
- Höheres Mostgewicht, als es das Gesetz verlangt
- Erntemenge maximal 80 Hektoliter pro Hektar
- Bei der Lese die Reifequalität und nach der Flaschenabfüllung die Geschmacksqualität durch eine unabhängige Fachkommission kontrolliert.

Der langjährige Vorsitzende der Erzeugergemeinschaft Deutsches Eck und Bürgermeister der Verbandsgemeinde Untermosel Franz Dötsch sieht die Terrassenweinberge der Untermosel zwischen Koblenz–Güls und Cochem sowohl in ökologischer Hinsicht als auch mit Hinblick auf die in Jahrhunderten gewachsene Bausubstanz als schützens- und erhaltenswert an und engagiert sich überzeugend hierfür.

Moselabwärts hinter Kobern erhebt sich mit über 30 Stufen die berühmte Weinlage *Uhlen* in den Himmel. Ein Beispiel typischer Terrassenlandschaft. Hier werden dem Winzer bergsteigerische Anforderungen, Kraft und Ausdauer abverlangt, um in seinem Weingarten die jahreszeitlichen Arbeiten zu verrichten wie Frühjahrsschnitt, Binden der Rieslingrebe in Herzform, Unkraut- und Bodenbearbeitung und schließlich Traubenlese.

Im 17. Jahrhundert waren die Moselweine zu 70 % rot. Doch vor etwa 200 Jahren verbot der Kurfürst den Anbau roter Trauben, aus welchen Gründen auch immer. Erst 1987 wurde das Verbot aufgehoben. Mit Erfolg versuchen einige Winzer heute den An- und Ausbau des roten Spätburgunders. Sein Anteil beträgt jedoch erst 1 %.

Schloß Liebieg in Gondorf

Kobern ist reich an Sehenswürdigkeiten und lädt zu einem interessanten Rundgang ein. Der Markt mit dem *Tatzel-Brunnen* wird von bunten Fachwerkhäusern des 17. und 18. Jahrhunderts eingerahmt. In der Kirchstraße 1 steht das wahrscheinlich älteste Fachwerkhaus Deutschlands, der *Abteihof St. Marien* von 1321. Geht man einige Schritte weiter, gelangt man zu zwei Gebäuden im typischen Natursteinstil, der Schule von 1835 und der neuromanischen Kirche St. Lubentius aus dem Jahre 1826. Oberhalb, am Südvorsprung des Lennigberges, steht heute noch der romanische *Glockenturm-Uhrturm* der 1376 erbauten Pfarrkirche. Nebenan ziehen sich die Weingärten bis in den Ort hinunter.
Ein besonderes Erlebnis war für mich die Weinlese. An einem sonnigen Herbsttag hatten Freunde dazu eingeladen. Zur Verschnaufpause gab es Wingertschmeer, deftige Bauernbrotscheiben mit Wurst und Zwiebelringen, Riesling-Trester und Mosel-Riesling – ein fröhlicher Weinberg. Nach getaner Arbeit wurde der Abend im Felsenkeller gründlich gefeiert. Zuerst wurde die traditionelle Markklößchensuppe aufgetischt und anschließend Rindfleisch mit Meerrettichsauce, Rote Beete und Selleriesalat bei köstlichem Steillagen-Wein.

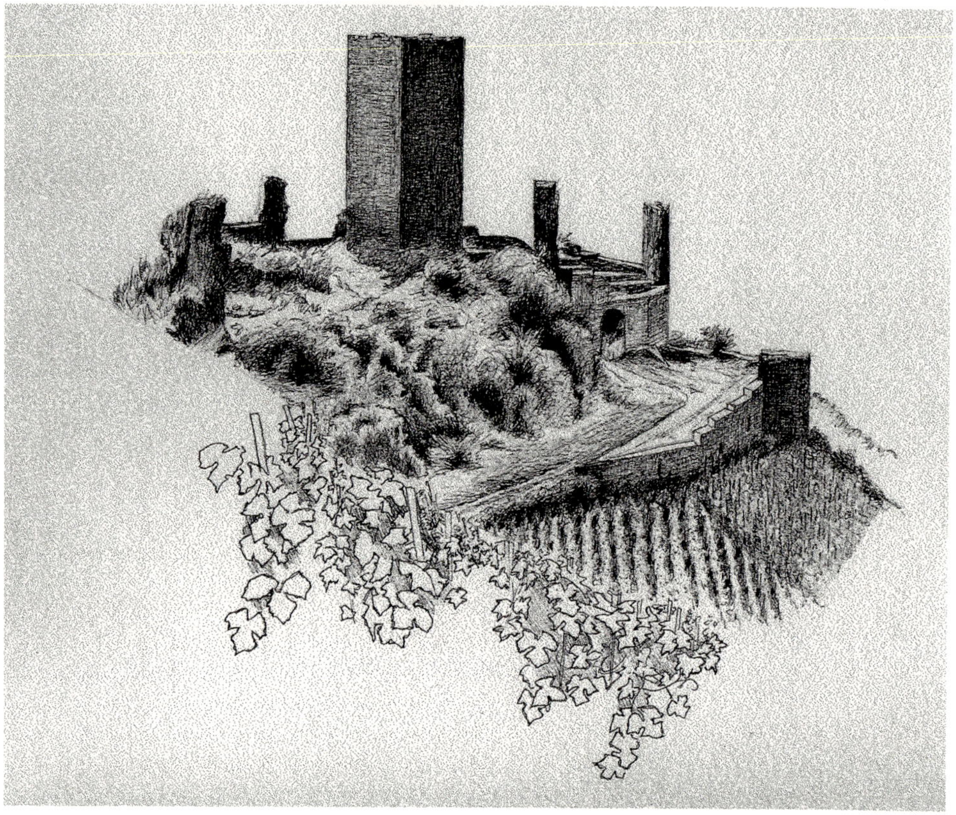

In der Petersstraße ist ein Wohnturm der Herren von Kobern aus dem 15. Jahrhundert und daneben das Haus mit Staffelgiebel des in Koblenz hingerichteten Raubritters Lutter, des *Augenrollers* zu sehen. Der Rundgang könnte einen würdigen Abschluß im Restaurant *Hotel Simonis* finden. Inhaber Hanne und Fritz Albert haben sich neben internationaler Gastronomie besonders auf traditionelle Gerichte der Region mit Fischen aus der Mosel spezialisiert.

Hotel Simonis, 56330 Kobern/Mosel

Mosel-Aal à la Simonis

Ein Moselfischer hat mir einen Aal gebracht, den ich jetzt nach einem sehr alten Hausrezept zubereiten möchte.

Der Aal wird mit Salz eingerieben, damit die Haut stumpf und griffig wird. Anschließend wird er fachmännisch enthäutet und sorgfältig ausgenommen. Kopf und Schwanz werden abgetrennt, und das Mittelstück in handbreite Stücke zerlegt. Nach einer kurzen Wäsche unter fließendem Wasser werden die Aalstücke mit Salz und etwas Pfeffer durch Einreiben gewürzt.

Gutes Butterfett wird in einer Pfanne hoch erhitzt, um die Aalstücke beidseitig gut anzubraten. Anschließend lasse man sie bei kleiner Hitze in der abgedeckten Pfanne durchgaren.

Zu diesem Zeitpunkt sollte die Sahnesauce fertig sein, die folgendermaßen hergestellt wird:

Als Basis benötigt man eine sehr fetthaltige saure Sahne (ca. 35 % Fettgehalt). Diese wird kurz aufgekocht, etwas abgebunden und mit Eigelb legiert. Salz, Pfeffer und etwas geriebener alter Gouda-Käse bilden die Grundwürzung, die zum Schluß mit reichlich frischem, gehackten Dill abgerundet wird.

Die fertig gebratenen Aalstücke kommen nun in die heiße Sauce, in der sie noch einige Minuten nachziehen sollten.

Der Mosel-Aal à la Simonis oder auch „Aal in Dillsauce“ ist jetzt servierfertig und kommt dazu in einer vorgeheizten Auflaufform auf den Tisch. Als Beilagen serviert man in meinem Haus Salzkartoffeln und Salatherzen mit Ananas-Sahnedressing.

Ruine der Niederburg bei Kobern

Ein Erlebnis besonderer Art verspricht eine kleine Wanderung auf Wegen durch Weinberge zur Ruine der *Niederburg* mit einem schönen Blick auf Kobern und die Mosel. Ein alter Kreuzweg führt weiter zur *Oberburg* und der spätromanischen Mathiaskapelle. Diese wurde um 1235 errichtet, um eine Reliquie, das Haupt des Apostels Mathias, aufzunehmen. Ein Koberner Kreuzritter hatte sie von einem Kreuzzug aus dem Heiligen Land mitgebracht. Später wurde die Reliquie jedoch in die Trierer Abteikirche St. Mathias überführt.
Den Abstieg zurück von der Mathiaskapelle kann man durch das romantische Mühlental wählen und in der *Alten Mühle–Höreth* aus dem 11. Jahrhundert den Abend würdig beschließen. Die mittelalterliche Mühle ist Restaurant und Gutsausschank des eigenen Weingutes. Die historischen Gebäude, die sich um zwei Innenhöfe gruppieren, wurden mit viel Sachkenntnis stilecht restauriert. Bruchsteinmauerwerk, Steinkrüge, Blumentöpfe, blühender Oleander vermitteln ein reizvolles Ambiente. Ob im Freien, in den hübschen Räumen oder in Gewölbekellern, die Inhaber Gudrun und Thomas Höreth sorgen für eine gemütliche familiäre Atmosphäre, in der man sich wohlfühlen kann. Etwa drei Hektar eigenen Weinanbaus in bester Lage der Terrassenmosel garantieren einen Spitzenwein. Thomas Höreth, der aus einer alten Weinhändlerfamilie in Franken stammt, hat seine weinbauliche Ausbildung vor allem in Burgund erhalten. Nach seinem Weinbaustudium in Geisenheim kaufte er Weinberge an der Mosel und bepflanzte sie unter anderem mit klassischen Burgundersorten. Das Ergebnis seiner mit großer Ausdauer und Fachkenntnis betriebenen Bemühungen ist ein erlesener Spätburgunder-Wein.

Mathiaskapelle bei Kobern

Die Küche zeichnet sich durch typische moselfränkische Gerichte aus frischen Produkten der Jahreszeit aus. Die ausgebaute alte Scheune, geeignet für größere Gesellschaften, wirkt mit vielen Objekten aus Mühlen und dem Weinbau fast wie ein Museum. Der Spruch auf der alten großen Baumkelter beansprucht wohl zeitlose Gültigkeit:

Speis und Trank sind Gottes Gaben,
Iß und trink, so will ich's haben.

Spezialrezepte der Alten Mühle Höreth, 56330 Kobern/Mosel

Küferkäse

Für 15 Personen
750 g Limburger (mittelreif),
2 Zwiebeln, 750 g Butter, 4 Eigelb,
1 TL Salz

Limburger etwas abkratzen, dann in Würfel schneiden (ca. 1 x 1 cm). Zwiebeln klein würfeln, mit Butter, Eigelb und Salz zum Käse geben. Alles gut miteinander verkneten. Daraus eine Rolle formen und in Alufolie einwickeln, über Nacht kühlen. Folie abnehmen und im gekühlten Zustand in Scheiben schneiden. Mit Rettich, Radieschen und dunklem Brot servieren. Herzhaft!

Eifeler Kartoffelkäse

Für ca. 20 Personen
500 g Schichtkäse, 500 g Frischkäse
mit 70 % Fettgehalt, 400 g Butter,
500 g gekochte Kartoffeln,
10 Knoblauchzehen, 10 Eigelb,
2 Zwiebeln, 1–1,5 TL Salz,
1 Bund Schnittlauch

Schichtkäse, Frischkäse und Butter, durch die Presse gedrückte Kartoffeln, zerdrückte Knoblauchzehen, Eigelb, sehr klein gehackte Zwiebeln und das Salz in eine Schüssel geben, gut miteinander verkneten und zum Schluß Schnittlauchröllchen darunter geben. Nach Belieben noch mit Salz nachwürzen.
Mit Bauernbrot und Butter servieren.

Grupfter

Für 15 Personen
1 kg Frischkäse mit 70 % Fettgehalt,
500 g weiche Butter, 5 Eigelb,
15 Knoblauchzehen, 1 TL Salz

Frischkäse mit Butter und Eigelb in eine Schüssel geben. Knoblauchzehen schälen und darüberpressen. Das Ganze mit Salz bestreuen. Die Masse gut durchkneten und kühl stellen.
Mit Zwiebelringen und Bauernbrot oder mit gekochten neuen Kartoffeln (mit Schale) servieren und genießen.

Ein traditionsreicher und zugleich der meistbesuchte Weinort an der unteren Terrassenmosel ist *Winningen.* Dort an der Moselschleife, wo die Weinbergstufen hoch hinaufsteigen, liegen die berühmten Lagen *Domprobst, Hamm, Röttgen* und *Uhlen,* die beste Rieslingweine reifen lassen. Das aufstrebende *Weingut Reinhard und Beate Knebel* erzeugt hier in den Terrassenlagen Weine, die durch ihren besonderen Charakter überzeugen und höchsten Qualitätsansprüchen genügen.
Von den ehemals sechs Stadttoren der 1583 vollendeten Ringmauer steht heute nur noch das Horntor. Viele hübsche Fachwerkhäuser zieren die Straßen und die beiden Zentren den Marktplatz und den Weinhof. Die Winninger verstehen es, Feste zu feiern und ziehen dadurch viele Besucher von nah und fern in ihren Bann.

- Im April Fröhliches Ostereierkibben am Weinhexbrunnen
- Mitte Juni Winninger Wein- und Schlemmertreff auf dem Marktplatz
- Ende Juni Internationales Trachtentreffen
- Ende August/Anfang September Moselfest zu Winningen – ältestes Winzerfest Deutschlands
- Anfang November Fest des Federweißen
- Dezember Weihnachtsmarkt.

Man kann verstehen, daß der *Weinhex-Brunnen,* um den herum im April der Festereigen eröffnet wird, das Wahrzeichen von Winningen geworden ist. Aber auch zu jeder anderen Zeit lohnt sich ein Besuch in Winningen. Die *Gutsschänke Birgitt Höreth-Schaaf,* nahe dem Moselufer, besitzt einen besonderen Charme. Das alte Herrenhaus mit gemütlichen Räumen, dem bepflanzten Innenhof und überdachten Lauben, lädt zum Verweilen ein, besonders in der heißen Jahreszeit. Geboten werden kleine Gerichte mit frischen Produkten der Region sowie Genüsse aus der vegetarischen Küche. Dazu gibt es erlesene Weine. Sehenswert ist die kleine Galerie in einem der Nebenräume.
Eine Winninger Originalität ist *Seng's Winzerwirtschaft* in einem alten Fachwerkhaus in der Bachstraße. Geboten werden Steillagen-Riesling-Weine, Winzergeister und Leckereien aus der Winzerküche.
Im Herbst nach der Lese und dem Keltern der Trauben wird im *Weingut Rüdiger Kröber* der Trester, so werden die Rückstände nach dem Pressen genannt, nur zum Teil als Humusdünger in den Weinberg verbracht. Ein Teil wird zum Brennen edler Tropfen verwendet. Für den *Riesling Trester* werden die Rückstände in Bottiche oder Bütten eingelagert, luftdicht verschlossen und in sechs Wochen bis drei Monaten vergoren. Dann wird der Trester in die Brennblase eingefüllt. Zwei Brände werden destilliert: Der Rohbrand benötigt gut eine Stunde und der zweite, der Feinbrand zwei bis drei Stunden. Der Nachlauf, etwa 10 bis 15 %, wird bei Neufüllung dem Trester wieder zugegeben.

Beim *Traubenbrand* werden die Trauben von Hand verlesen und entrappt, also von den Stielen befreit und auf der Maische vergoren. Danach wird alles im Destilliergerät gebrannt.

Der Tresteralkohol reift in 18 Monaten Faßlagerung. Alter Riesling Trester benötigt fünf Jahre für die Reife in Eichenfässern. Trester von Toplagen wie der *Marc vom Uhlen* wird in französischen Fässern aus dem Limousin zur Reife gebracht. Eine weitere Spezialität des Hauses ist der Weinbergpfirsichlikör.

Er schmeckt besonders gut, wenn man vorher das von *Werner Brohl* aus Winningen zubereitete köstliche Tresterfleisch bei *Gäer Mussik* der Winninger Gruppe und bei guter Laune mit Appetit verspeist hat.

Tresterfleisch

von Werner Brohl, Winningen

4 Gemüsezwiebeln, 6 Mohrrüben,
1 Stange Lauch, 200 g Sellerieknolle,
1 Bund Petersilie, 10 Wacholderbeeren,
15 Pfefferkörner, schwarze und grüne,
20 Senfkörner,
¾ Liter trockener Riesling, Winninger Domgarten oder Winninger Röttgen,
1½ kg Schweine- oder Rindfleisch, wie Schweinerücken oder vom Rind, falsches Filet/Bug,
Salz, frisch gemahlener weißer Pfeffer,
200 ml Trester, 50–60 g Schmalz,
3–4 EL Tomatenmark, 2–3 EL Mehl

Die Zwiebeln abziehen und in feine Ringe schneiden. Das Gemüse waschen. Mohrrüben schaben und wie den Lauch in dünne Scheiben schneiden. Den Sellerie würfeln. Das Gemüse in eine genügend große Schüssel geben, die Petersilie hacken und mit den Gewürzen zufügen. Mit dem Wein begießen. Das Fleisch von Haut und Sehnen befreien, salzen, pfeffern und hineinlegen. Mit dem Trester begießen. 2 Tage abgedeckt gut gekühlt stehen lassen (möglichst keine Kühlschranktemperatur).

Nun das Fleisch gut abtropfen lassen. Das Schmalz in einem Bräter erhitzen, das Fleisch von allen Seiten anbraten, den Bräter verschließen und ca. 2 Stunden braten lassen. In der letzten halben Stunde das Gemüse zufügen, nach 10 Minuten das Fleisch herausnehmen und warmhalten. Tomatenmark hineinrühren, durchschmoren lassen bis es dunkel ist. Vorsicht, es darf nicht ansetzen. Mit ¼ Liter Wasser und etwa ¼ Liter Marinade ablöschen. Die Sauce mit Mehl andicken und gut abschmecken. Mit dem Fleisch servieren.

Dazu passen Wirsingkohl und gestampfte Kartoffeln.

Nach Belieben kann man in die Marinade zum Gemüse noch 2 oder 3 zerkleinerte Äpfel geben.

Früher wurde Tresterfleisch in den Hut des Brennkessels gehängt. Es garte und nahm dabei die feinen Aromen und Alkohol auf.

Moseltal bei Kobern

Ein Sohn dieses Winzerortes hat Weltberühmtheit erlangt, der Autopionier *August Horch,* der Gründer der Audi-Werke von 1910. In einem Museum kann man interessante Objekte wie zum Beispiel den ersten von ihm konstruierten Vier-Zylinder-Motor bewundern. Seine Nobelkarossen erregten in den dreißiger Jahren allgemeines Aufsehen.
Oberhalb vom Ort auf einem Plateau liegt der Landeplatz Koblenz-Winningen. Dort werden Rundflüge angeboten, eine gute Gelegenheit, die Mosel mit ihren schönen Winzerorten und Burgen einmal aus der Vogelperspektive zu erkunden.
Die Steilhänge der Terrassenmosel ziehen sich über *Güls,* teilweise nur unterbrochen von Obstgärten, bis nach *Koblenz-Metternich* hin. Urkundlich wurde Güls 775 erstmals erwähnt wegen der kleinen romanischen Kapelle, an deren Stelle im 13. Jahrhundert die dreischiffige Basilika, die alte Kirche genannt, errichtet wurde. 1833 bis 1840 wurde die neue Pfarrkirche *St. Servatius* errichtet. Die beiden schlanken Türme mit spitzen Helmen, kurz *Gülser Zahnstocher* genannt, sind Wahrzeichen des Weinortes. 1970 wurde Güls nach Koblenz eingemeindet. Im Ortskern blieb jedoch der liebenswürdige dörfliche Charakter erhalten. Der kommt auch zum Ausdruck bei dem jährlich wiederkehrenden Blüten- und Weinfest, das Ende April/Anfang Mai mit der Eröffnung des Weinbrunnens und des Kirschblütenfestes mit Trachtenumzügen, viel Frohsinn und Tanz begangen wird. Wassersportler freuen sich über die Yachthäfen oberhalb der letzten Staustufe der Mosel.
Schräg gegenüber auf der Hunsrückseite liegt der kleine Weinort *Lay,* Ausgangspunkt zu schönen erlebnisreichen Wander- und Radtouren. Ob entlang der Mosel oder die Höhen hinauf zum Carolaturm mit Blick auf das Moseltal und weiter zum Koblenzer Stadtwald, vorbei am Hexenplatz, wo 1656 die letzte Hexe Maria Knebel aus Winningen verbrannt wurde, zum Forsthaus Remstecken, ein Hotel-Restaurant und Café mit Wildgehege oder zum Forsthaus Kühkopf – jede Tour lohnt sich. Man kann aber auch über die Eiserne Hand den Moselhöhenweg mit einem kleinen Abstecher zum Römischen Mercurtempel wählen. Der Moselhöhenweg führt von hier über Trier bis nach Palzem. Die ganze Strecke, etwa 220 Kilometer, ist mit einem großen M gekennzeichnet.
Von Lay verläuft unterhalb der Schwedenschanze der Ankerpfad bergan nach *Koblenz-Karthause,* genannt nach dem ehemaligen Kloster, das Karthäuser Mönche 1331 gegründet hatten. Es ist ein alter Pilgerpfad, der an einer Stele zu Ehren des hl. Nikolaus vorbeiführt. Linker Hand gelangt man dann über den Burgweg hinunter zum Stadtteil *Moselweiß,* den letzten Weinort am rechten Moselufer. In einer Schenkungsurkunde von 1070 vermacht der Edelmann Cuno an das Stift St. Florin in Coblenz seine Besitzungen in Wissa. Dieser Ortsname entwickelte sich im Laufe der Zeit in *Wisse,* dann in *Weis.* Seit dem 18. Jahrhundert ist die heutige Bezeichnung

Moselweiß in Gebrauch. Zu allen Zeiten war Weis ein Bauern- und Winzerdorf. Das Stift St. Florin besaß Weingärten und ein eigenes Kelterhaus. Eine Urkunde von 1399 erwähnt beide. Als 1805 das Stift säkularisiert wurde, besaß es über 87.000 Stock.

Das Weinhaus *Zum schwarzen Bären,* Hotel und Restaurant von Peter Kölsch, lädt mit einer guten Küche, einer reichhaltigen Auswahl guter Weine und einer freundlichen Atmosphäre zum Einkehren ein.

Zum Schwarzen Bären, Koblenzer Straße 35, 56073 Koblenz-Moselweiß

Krautwickel von Mosel-Hecht in Buttersauce

250 g Hecht im Mixer mit Eiern und Gewürzen mixen, langsam die Sahne zufügen, salzen und pfeffern.
Hechtmousse auf 4 große, blanchierte Wirsingblätter verteilen, etwa 60 g Hechtfilet ohne Gräten auf jedes Blatt und die Karottenjulienne auf das Hechtfilet geben, zuschlagen und bei 220 °C etwa 15 Minuten in gebutterter Pfanne im Ofen garen.
Für die Sauce die Schalotten abziehen und fein hacken, in 25 g Butter andünsten und mit dem Mosel-Riesling etwas einkochen lassen. Mit der kalten Butter binden. Geschlagene Sahne zum Schluß unterziehen. Mit Salz und Pfeffer abschmecken.

250 g Hecht, 2 Eier, Muskatblüte, Petersilie, Estragon, ¼ Liter Sahne, Salz, Pfeffer, 4 große Wirsingblätter, 250 g Hechtfilet ohne Gräten, 100 g Karottenjulienne, Butter zum Einfetten

Für die Sauce:
2 Schalotten, 125 g Butter, ¼ Liter trockener Mosel-Riesling, 20 ml geschlagene Sahne

Marinierte Fasanenbrust im Salzteig gebacken auf Mosel-Trestersauce

Fasanenbrüste mit Knoblauch einreiben. Gewürze darauf verteilen und mit Olivenöl übergießen, 24 Stunden marinieren. Danach aus der Marinade nehmen, trockentupfen und in Speck einschlagen.
Aus Salz, Mehl, Eiweiß und etwas Wasser einen Teig herstellen und ausrollen.
Fasanenbrüste im Teig einschlagen. Teig mit Eigelb bepinseln und ca. 15 Minuten bei 200 °C backen.
Für die Sauce Zucker mit Butter karamelisieren, mit Essig ablöschen. Fasanenfond und Trester auffüllen und auf 80 ml reduzieren, im Mixer mit 50 g kalter Butter aufschlagen.
Dazu servieren wir Rosenkohl und Herzoginkartoffeln.

4 Fasanenbrüste, Knoblauch, Rosmarinnadeln, 4 Wacholderbeeren, zerdrückt, Pfefferkörner, Olivenöl, 4 große Scheiben fetter Speck, 800 g Meersalz, 200 g Mehl, 2 Eiweiß, etwas Wasser, 1 Eigelb

Für die Sauce:
20 g Butter, 10 g Zucker, 20 ml Rieslingessig, 150 ml Fasanenfond, 50 ml Trester, 50 g kalte Butter

Koblenz zwischen Mosel und Rhein

Koblenz, am Zusammenfluß von Mosel und Rhein gelegen, kann auf eine über zweitausendjährige Vergangenheit zurückblicken. *Castellum apud confluentes,* Kastell an den Zusammenfließenden, nannten die Römer ihr Militärkastell zum Schutz des Moselüberganges der wichtigen Heerstraße von Mainz nach Köln. Das Lager der Römer, das sich ständig durch Ansiedlung von Handwerkern und Händlern vergrößerte, mußte gegen die Angriffe germanischer Stämme befestigt werden. Die etwa sechs Hektar große Fläche am Moselufer wurde mit einer Stadtmauer und 19 Wachtürmen umgeben. Doch gegen 450 n. Chr. waren die Römer gezwungen, ihr Kastell endgültig zu verlassen. Überreste der Mauern sind bis heute erhalten geblieben. Nach den Römern kamen die Franken. Erst mit Ausbreitung des Christentums und besonders unter Karl dem Großen begann ein neuer Aufschwung. Ritterorden, Zunft und Stände sowie die Erzbischöfe und Kurfürsten, Franzosen und Preußen hinterließen ihre Spuren. Heute ist Koblenz eine Großstadt und Sitz der Bezirksregierung.

Zahlreiche Baudenkmäler, Kirchen, Burgen, Befestigungsanlagen vermitteln anschaulich die wechselvolle Geschichte. Um Koblenz mit seinen Sehenswürdigkeiten kennenzulernen, empfiehlt sich ein Rundgang, der am Zusammenfluß von Mosel und Rhein, am *Deutschen Eck,* beginnen könnte. Dieser Platz erhielt den Namen von der 1216 errichteten Niederlassung des Deutschen Ordens. In preußischer Zeit wurde durch Anschüttung die heutige Landzunge geschaffen, auf der 1897 ein Denkmal mit dem Reiterstandbild Kaiser Wilhelm I. errichtet wurde. Das Original wurde Ende des letzten Krieges zerstört, das 1993 durch eine Nachbildung ersetzt wurde.

Das nur wenige Schritte entfernt liegende *Komturhaus des Deutschen Ordens* beherbergt seit 1992 das Ludwig-Museum mit Exponaten zeitgenössischer, vornehmlich französischer Kunst. Die Werke sind eine Stiftung des in Koblenz geborenen Aachener Schokoladenfabrikanten Peter Ludwig.

Angrenzend erhebt sich die spätromanische Basilika *St. Kastor.* Hier fanden 842 die Vorverhandlungen der Gesandten der Söhne Ludwigs des Frommen statt, die ein Jahr später im Vertrag von Verdun zur Teilung des fränkischen Reiches führten. Im 12. Jahrhundert entstand der romanische Ostchor der Kirche sowie im 15. Jahrhundert das spätgotische Netzgewölbe. Der Brunnen auf dem Vorplatz trägt kuriose Inschriften, die auf Siege und Niederlagen Napoleons anspielen.

Koblenz

Den Rundgang setzt man am besten am Moselufer fort. Zwischen Rosenbeeten steht ein Denkmal der neuen Geschichte, zur Erinnerung an den aus Koblenz stammenden Dr. Peter Altmeier, der von 1947 bis 1969 Ministerpräsident des Landes Rheinland-Pfalz war und sich entscheidend für den Zusammenschluß der drei westlichen Besatzungszonen zur Bundesrepublik Deutschland eingesetzt hat. Etwas weiter fällt ein wohnturmartiges Haus auf – der *Deutsche Kaiser* –, der alle Kriegszerstörungen heil überstanden hat. Anfang des 16. Jahrhunderts wurde es für den Koblenzer Schöffen und Münzmeister Konrad von Lengenfeld erbaut und beherbergt im Erdgeschoß heute eine Gaststätte mit spätgotischen Gewölben.
Die *Florinskirche,* eine dreischiffige romanische Pfeilerbasilika, mit ihrem doppeltürmigen Westwerk, war geistiges Zentrum eines bedeutenden Stifts. Der berühmte Humanist *Nicolaus Cusanus* war hier als Probst tätig. 1818 wurde sie unter dem Preußenkönig Friedrich Wilhelm III. evangelische Kirche.
Der *Florinsmarkt* wird zum Moselufer hin begrenzt durch das alte *Kauf- und Danzhaus* von 1425. Es diente von 1674 bis 1792 als Rathaus. Heute ist hier das *Mittelrhein-Museum* untergebracht. Es zeigt Gemälde und Skulpturen von der Gotik bis zur Gegenwart. Besonders interessant sind Werke Koblenzer Maler des 19. Jahrhunderts, einiger Rhein- und Moselromantiker sowie Kirchenmaler.
Unter der Uhr über dem Hauptportal sieht man das Kopfbild eines Ritters, den sogenannten *Augenroller.* Es soll sich bei ihm um den Raubritter Johann Lutter von Kobern handeln, der 1536 auf dem Florinsmarkt, schuldig oder nicht schuldig, enthauptet wurde.
Das angrenzende *Schöffenhaus* von 1535 mit seinem schönen gotischen Erker an der Rückseite ist ein Zeugnis aufstrebender städtischer Selbstverwaltung. Auf der anderen Seite steht der *Bürresheimer Hof,* erbaut 1659 und seit 1714 Adelssitz derer von Breidbach-Bürresheim und von 1851 bis zum 9.11.1938 Synagoge. Heute befinden sich in den Räumen Teile der Stadtbücherei. Ebenfalls am Moselufer erhebt sich trutzig die sogenannte *Alte Burg,* die Heinrich von Finstingen, Erzbischof von Trier, im 13. Jahrhundert gegen die nach Selbständigkeit strebenden Koblenzer Bürger errichten ließ.
Etwas flußaufwärts von der Stelle, an der die Römer bereits eine Pfahlbrücke über die Mosel gespannt hatten, ließ Mitte des 14. Jahrhunderts Erzbischof und Kurfürst Balduin eine steinerne Brücke errichten. An ihn erinnert eine Steinfigur in der Mitte der Brücke. Von hier aus kann man die Skyline von Koblenz von der Altstadt bis hin zur Festung Ehrenbreitstein genießen.
Der *Münzplatz* mit der Alten Münze von 1763 und dem *Metternicher Hof* bis zur spätromanischen *Liebfrauenkirche,* bilden das Zentrum der Altstadt.

Der Vorgängerbau der Liebfrauenkirche ist seit dem 5. Jahrhundert nachweisbar und damit die Koblenzer Urpfarrkirche. Einige schmale Gassen, die Gemüse-, Mehl-, Florinspfaffen- und Kornpfortstraße lassen mit ihren schönen Häusern ein mittelalterliches Flair entstehen.
Nur ein paar Schritte sind es bis zum *Plan,* einem weiteren Platz der Altstadt. Einst Turnierplatz, Fleischmarkt und Kommunikationszentrum, erfreut er sich heute noch großer Beliebtheit. Nach einem Einkaufsbummel laden Restaurants und Cafés mit Plätzen im Freien zum Verweilen ein. Der Brunnen in der Mitte erinnert an den Bau der ersten Wasserleitung der Neuzeit zum Ende des 18. Jahrhunderts. Eine lebhafte Bummel- und Einkaufsstraße ist die Löhrstraße. Interessant und hübsch anzusehen sind die sogenannten *Vier Türme.* Vier Eckhäuser mit schön verzierten Erkern bilden die Kreuzung der Marktstraße und Altengraben.
Ein weiterer Platz mit historischem Ambiente ist der Jesuitenplatz, wo sich der *Jesuitenorden* 1580 an der Stelle des alten Zisterzienserinnenklosters *in der Lehr* niederließ. Die Jesuitenkirche von 1617 als Säulenbasilika mit Gewölbe wurde nach der Zerstörung 1944 wieder *im alten Rennaissancestil* aufgebaut. Der *Schängelbrunnen* gibt dem Platz Lebensfreude. Der *Schängel,* ein Koblenzer Lausbub, prustet alle drei Minuten dem ahnungslosen Betrachter Wasser entgegen.
Das *kurfürstliche Schloß* ließ der letzte Trierer Kurfürst und Erzbischof Clemens Wenzeslaus 1786 im Stil des französischen Klassizismus erbauen. Doch kurze Zeit später mußte er vor den französischen Revolutionstruppen fliehen. Nach dem französischen Präfekten wurde das Schloß Sitz der preußischen Provinzialregierung. 1944 ausgebrannt und 1950 wieder aufgebaut, hat es heute die Bezirksregierung aufgenommen. Im 18. Jahrhundert wurde mit dem Schloß, das außerhalb der mittelalterlichen Altstadt liegen sollte, die sogenannte Clemensstadt/Neustadt geplant. Das Theater im klassizistischen Stil stammt aus dieser Zeit. Der *Clemensbrunnen,* der ursprünglich in der Mitte des Clemensplatzes stand, ist ein Geschenk des Kurfürsten an die Bürger; er befindet sich heute direkt vor dem Theater. Nach einem Gang durch die Altstadt oder im Anschluß an einen Theaterbesuch empfiehlt sich das Feinschmecker-Restaurant *Loup de mer* nicht weit gelegen am Schloßrondell. Der Inhaber Hermann Christiaans, aus einer alten Fischer- und Fischhändlerfamilie stammend, verwöhnt seine Gäste aus einem reichhaltigen Angebot an Fisch- und Meeresfrüchten. Seine Räume hat er zugleich als Kunstgalerie ausgestattet.

Restaurant Loup de mer, Schloßrondell, 56068 Koblenz

Kresserahmsuppe

125 g Speck, 1 Bund Suppengrün,
500 g Kartoffeln, 160 g Zwiebeln,
25 g Butter, 1 Liter Fleischbrühe,
Salz, Pfeffer, Muskat, Majoran,
3 geschrotete Wacholderbeeren,
200 g Sahne, 1–2 Schalen Kresse

Den Speck würfeln. Das Suppengrün und die Kartoffeln waschen, trockentupfen und kleinschneiden. Die Zwiebeln abziehen und feinhacken. Den Speck in der Butter anrösten. Die Speckwürfel mit einem Schaumlöffel herausnehmen. Die Zwiebel und das Suppengrün kurz mitrösten. Kartoffelwürfel und Fleischbrühe hinzufügen, mit den Gewürzen abschmecken und durchkochen, pürieren und mit der Sahne verfeinern.
In Suppenschalen anrichten und die Kresse darüberstreuen.

Zander- und Welsfilet in Riesling-Trauben-Sauce

Für die Sauce:
60 g Butter, 40 g Mehl,
0,2 Liter Mosel-Riesling,
0,2 Liter Fischfond,
0,1 Liter Sahne,
Salz, Pfeffer, Muskat,
Zitronensaft, grüne Trauben,
1 EL Butter

320 g Zanderfilet, 320 g Welsfilet,
3 EL Zitronensaft, Salz, Pfeffer, Mehl,
Öl, Butter

Die Butter zerlassen, das Mehl anstäuben und unter Rühren hellgelb werden lassen. Mit dem Weißwein ablöschen und den heißen Fischfond hinzugeben. Bei kleiner Hitze 10 Minuten köcheln lassen. Gelegentlich umrühren. Die Sahne hinzufügen, nach Belieben mit den Gewürzen abschmecken. Die Trauben häuten, entkernen und in etwas Butter anschwenken.
Den Zander und Wels waschen, trockentupfen und mit dem Zitronensaft beträufeln, einziehen lassen. Mit Salz und Pfeffer würzen und mehlieren. In der Pfanne zuerst den Wels (längere Garzeit), dann den Zander in Öl anbraten. Beides zusammen garen. Kurz vor Schluß die Butter hinzufügen und zu Ende garen.
Die Sauce über den Fisch geben, die Trauben darüber verteilen.

Am Rheinufer entlang führt der Weg durch die *Kaiserin-Augusta-Anlage.* Sie zählt zu den schönsten Uferpromenaden des Rheins. Nach einem ausgedehnten Spaziergang kann man sich im *Weindorf* entspannen und echte rhein-moselländische Fröhlichkeit erleben. Das Dorf wurde 1925 zur Jahrtausendfeier der Rheinlande erbaut. Das Inhaber-Ehepaar Elfriede und Erich Lunnebach sorgt seit über 20 Jahren erfolgreich für das Wohl seiner Gäste.

Weindorf in Koblenz

Weindorf
Weindorf Koblenz

Rindfleisch mit Remoulade und/oder Meerrettichsauce

1 Bund Suppengrün bestehend aus
1 Stange Lauch, 1 Mohrrübe,
1 Stück Sellerieknolle, 1 Lorbeerblatt,
1 Zwiebel, 1 Nelke,
1 kg Fleischknochen, Salz,
1 kg Rindfleisch (Tafelspitz)

Für die Remoulade:
40 g Butter, 30 g Mehl, 1/4 Liter Milch, 4–5 Eier, 100 ml Öl, 4 EL Sahne, 1/2–1 Zitrone oder auch etwas Weinessig, 1 EL Senf, Pfeffer, 2 Gewürzgurken, 2–3 Bund Schnittlauch

Für die Meerrettichsauce:
1 große Stange frischer Meerrettich, 75 g Butter, 20 g Mehl, 1/4 Liter Fleischbrühe, 1–2 Msp. Zucker, 1/8 Liter Sahne

Das Suppengrün waschen, putzen und zusammenbinden. Die Zwiebel mit der Nelke spicken. Zusammen mit den gewaschenen Knochen in einen großen Topf geben, mit 2 1/2 Liter Wasser bedecken und 1/2 Stunde kochen lassen. Durch ein Sieb gießen, salzen und zurück in den Topf schütten. Das Fleisch hineingeben und 1 Stunde bei mäßiger Temperatur köcheln lassen.

Für die Remoulade die Butter in einem Topf erhitzen, das Mehl einstreuen und durchschwitzen lassen. Die Milch nach und nach zugießen, dabei immer rühren. Die Eier hart kochen, abschrecken und das Eigelb mit dem Öl verrühren. Zu der erkalteten Sauce geben. Nach Belieben mit etwas Sahne verfeinern. Es kann auch eine zerdrückte Knoblauchzehe zugefügt werden. Dies ist aber nicht die ursprüngliche Rezeptur.

Das Eiweiß kleinhacken und zufügen. Mit Zitronensaft und/oder Essig, Senf, Salz und Pfeffer gut abschmecken. Die Gürkchen hacken und den Schnittlauch in Röllchen schneiden, beides unterziehen. Die Remoulade sollte eine feste Beschaffenheit haben.

Für die Meerrettichsauce die Meerrettichstange säubern, schälen und reiben. Die Butter erhitzen, das Mehl hineinschütten und durchschwitzen lassen. Die Brühe nach und nach unter Rühren zufügen, einige Minuten köcheln lassen. Den Meerrettich zu 2/3 unterrühren und kurz aufkochen. Mit Salz, Pfeffer und Zucker würzen. Die Sahne und den restlichen Meerrettich zufügen. Nochmals abschmecken.

Durch Kochen verliert der Meerrettich an Schärfe. Wer es also milder liebt, kann den ganzen Meerrettich sofort zusetzen.

Den Stadtteil *Ehrenbreitstein* erreicht man am besten mit einer Personenfähre von der Anlegestelle Konrad-Adenauer-Ufer in der Nähe des Kran- bzw. Pegelhauses aus. Ehrenbreitstein war ehemals kurfürstliche Residenz, bis in Koblenz das Schloß erbaut wurde. Von der Residenz steht noch das *Kurfürstliche Verwaltungsgebäude* von 1739 der beiden Baumeister Balthasar Neumann und Johannes Seiz. Im Ort wurde 1975 im Geburtshaus der *Mutter Ludwig van Beethovens,* Maria Magdalena geb. Keverich, 1746–1787, eine Gedenkstätte eingerichtet mit vielen interessanten Dokumenten, die größte private Sammlung der Welt über den Komponisten. Sie ist Eigentum der Koblenzer „Geheimrat-Julius-Wegeler-Stiftung".

Als wuchtige Kulisse erhebt sich hinter dem Ort die *Festung Ehrenbreitstein.* Auf der 118 Meter hohen Schieferbergkuppe wurde um 1000 n. Chr. die erste Burganlage errichtet. Im Laufe der Zeit entstand daraus eine Festung, die 1801 von den Franzosen gesprengt wurde. Die jetztigen klassizistischen Festungsbauten ließ Preußen 1817–1832 errichten. Allein schon der Ausblick auf den Zusammenfluß von Mosel und Rhein sowie Koblenz, Hunsrück und Eifel lohnt den Aufstieg, zu Fuß oder mit der Sesselbahn. Von hier oben aus wird alljährlich am zweiten Wochenende im August das spektakuläre *„Rhein in Flammen"* abgeschossen. Klassische Open-air-Konzerte finden sowohl auf der Festung Ehrenbreitstein als auch vor dem Kurfürstlichen Schloß in Koblenz statt.

Das Fort *Konstantin* sollte Koblenz vor Angriffen aus Richtung Hunsrück schützen. Im zugehörigen sogenannten *Kehlturm* am Fuße der Karthause soll künftig das *Rheinische Fastnachtsmuseum* eingerichtet werden, eine schöne Verwandlung der düsteren Mauern für die Darstellung von Lebensfreude und Frohsinn an Mosel und Rhein.

Stilleben mit Hahn und Obst (Seite 108)

Suppen und Eintöpfe

Knochenbrühe

Für kräftige Eintöpfe kochte man eine gute Knochenbrühe. Dazu gehörten 500–1000 g Fleischknochen, Suppengrün, bestehend aus 1 Stange Lauch, 1 Mohrrübe, 1 Stück Sellerieknolle, 1 Zwiebel, 2 Zweige Petersilie, 1 Zweig Liebstöckel, 1 Zweig Thymian, Salz, Pfeffer, 1 Lorbeerblatt, 1 Nelke.
Die Knochen mit dem gewaschenen, geputzten und kleingeschnittenen Gemüse und Kräutern anbraten und mit Wasser ablöschen. Salz, Pfeffer, Lorbeerblatt und Nelke zufügen, 45 bis 60 Minuten kochen lassen, dann durchseihen.

Kohlsuppe oder Kappessupp

Suppengrün bestehend aus:
1 Stange Lauch
1 Mohrrübe
1 Stück Sellerieknolle

600 g Weißkohl
300 g Kartoffeln
400–500 g Rindfleisch

Das Suppengrün waschen, putzen und kleinschneiden. Den Kohl putzen, Strunk entfernen und feinstreifig schneiden. Die Kartoffeln waschen, schälen und würfeln. In einen großen Topf das Fleisch samt Gemüse geben und mit 2 Liter Wasser bedecken. Etwa 40 Minuten kochen lassen, dann Kohl und Kartoffeln zufügen, weitere 30–40 Minuten garen. Das Fleisch herausnehmen, in Würfel schneiden und zurück in die Suppe geben.
Diese Suppe wurde besonders gern am Samstag gekocht, vor allem auch in den Höhen des Hunsrücks. Hefewaffeln oder auch ein kräftiges Stück Bauernbrot wurden dazu gegessen.

Kartoffelsuppe

Für 4–6 Personen

1 kg Kartoffeln
1 Stange Lauch
1 Stück Sellerieknolle
1 Mohrrübe
2½ Liter Fleisch- oder Knochenbrühe
1 Lorbeerblatt
1 Zweig Liebstöckel
Salz, frisch gemahlener Pfeffer
1 Zwiebel
250 g durchwachsener Bauchspeck
2–3 Zweige Petersilie
2 Zweige Majoran
1 Bund Schnittlauch
30 g Butter oder Butterschmalz
30 g Mehl

Die Kartoffeln waschen, schälen und in Stücke schneiden. Lauch, Sellerie und Mohrrübe waschen, putzen und kleinschneiden. Alles in 2 Liter Brühe geben, Lorbeerblatt und Liebstöckel zufügen, salzen und pfeffern, 20 Minuten kochen lassen. Währenddessen die Zwiebel abziehen und wie den Bauchspeck fein würfeln. Petersilie, Majoran und Schnittlauch waschen, die Blättchen von den Stielen zupfen und hacken. Kartoffeln und Gemüse durch ein Sieb streichen oder pürieren. In einer Pfanne den Bauchspeck leicht anbraten, die Zwiebelwürfel zufügen, glasig schwitzen lassen und herausnehmen. Die Butter hineingeben, das Mehl darüberstäuben und anschwitzen. Die restliche Brühe unter Rühren zufügen, 8 bis 10 Minuten köcheln lassen und zu der Suppe geben. Die Suppe auf Teller verteilen, Zwiebel und Bauchspeckwürfel darübergeben und mit den Kräutern bestreut servieren.

Variation: Zu den Zwiebel- und Bauchspeckwürfeln noch etwa 200 g frische, geputzte und etwas zerkleinerte Pfifferlinge geben.

Löffelsches Bohnen

1 kg grüne Stangenbohnen
1 kg mehligkochende Kartoffeln
250–300 g durchwachsener geräucherter Bauchspeck
etwa 2 Liter Knochenbrühe
Salz, Pfeffer
2 Zweige möglichst frisches Bohnenkraut
80 g Speck
1 Zwiebel
1–2 EL Mehl

Die Bohnen abfädeln, waschen, in 2 cm große Stücke schneiden. Die Kartoffeln waschen, schälen und würfeln. Den Bauspeck in 4 Stücke schneiden, in einem weiten Topf leicht anbraten. Bohnen und Kartoffeln zufügen und mit der Knochenbrühe ablöschen, salzen, pfeffern und das Bohnenkraut zufügen. Etwa 45 Minuten kochen lassen bis die Suppe eine sämige Konsistenz hat. Währenddessen den Speck in kleine Würfel schneiden. Die Zwiebel abziehen und hacken. In einer Pfanne oder Topf den Speck mit den Zwiebeln rösten und mit dem Mehl bestäuben; durchschwitzen lassen und in die Suppe rühren.
Nach Belieben mit wenig Essig abschmecken.
Fleisch oder Würstchen wurden nur selten in den Eintopf gegeben.
Löffelches Bohnen mit Quetschekuchen – das traditionelle Essen zur Kirmes in Trier.

Julias Suppe aus Wald und Flur

Die Zwiebel schälen und würfeln. Das Gemüse sowie die Kartoffeln waschen, trockentupfen und gegebenenfalls schälen. Lauch und Mohrrübe in Scheiben, Petersilienwurzel, Sellerie und Kartoffeln in Stücke schneiden. Die Pilze putzen und kleinschneiden, ein Drittel davon hacken und zurück behalten. Den Schinkenspeck in sehr kleine Würfel schneiden. Das Öl und 1 Eßlöffel Butter in einem Topf erhitzen. Die Gemüse darin etwa 5 Minuten unter Rühren andünsten. Mit der Brühe ablöschen, mit Salz, Pfeffer und Thymian würzen. 20 Minuten bei mäßiger Temperatur kochen lassen. Durch ein Drehsieb streichen oder mit dem Schneidstab pürieren. Mit der sauren Sahne verfeinern und abschmecken.
Den Schinkenspeck mit der restlichen Butter und den zurückbehaltenen gehackten Pilzen in einer Pfanne 5 Minuten braten. Die Petersilie waschen, trockentupfen, Stiele entfernen und die Blättchen hacken. Schinkenspeck, Pilze und Petersilie über die fertige Suppe geben.

1 Zwiebel
½–1 Stange Lauch
1 Mohrrübe
1 Petersilienwurzel
1 Stück Sellerieknolle
3 Kartoffeln
250 g Steinpilze, ersatzweise eine andere Pilzart
100 g Schinkenspeck
2 EL Öl
2 EL Butter
1½ Liter Brühe
Salz, Pfeffer
½ TL getrockneter Thymian
⅛ Liter saure Sahne
1 Bund Petersilie

Riebelesupp'

Mehl und Ei verrühren. Mit Salz und nach Belieben mit Muskatnuß abschmecken. Die Vanilleschote aufschneiden. Das Mark auskratzen und zusammen mit der Vanilleschote und dem Zucker in die Milch geben. Diese aufkochen lassen und den Teig mit den Fingern in die siedende Milch reiben oder mit einem Messer oder Löffel vom Brett streichen, so daß es in kleinen Fetzen hineinfällt. Einige Minuten köcheln lassen. Die Vanilleschote entfernen und mit Zucker und Zimt bestreut servieren.

Für den Teig:
60 g Mehl, 1 Ei, 1 Msp. Salz
nach Belieben 1 Msp. abgeriebene Muskatnuß

½ Vanilleschote
1 Liter Milch, 50 g Zucker
nach Belieben Zucker und Zimt zum Bestreuen

Kräuter-Riebele in Fleischbrühe

Die Kräuter waschen, trockentupfen, die Blättchen von den Stielen zupfen und hacken. Mehl, Eier, Salz und Pfeffer verrühren. Die Kräuter zufügen und mit Muskatnuß abschmecken.
Die Fleischbrühe in einem Topf erhitzen und den Teig mit den Fingern riebeln oder mit einem Messer oder Löffel vom Brett streichen, so daß es in kleinen Fetzen hineinfällt. 5 Minuten köcheln lassen.

6–8 Zweige Kräuter wie Petersilie, Schnittlauch, Zitronenmelisse, Salbei, Basilikum usw.
100 g Mehl, 2 Eier
Salz, frisch gemahlener Pfeffer
abgeriebene Muskatnuß
1½–2 Liter Fleischbrühe

Variante: Die dreifache Menge Teig herstellen. Genügend Wasser erhitzen und den Teig hineinreiben. Nach etwa 5 Minuten mit der Schaumkelle herausnehmen und unter kaltem Wasser abschrecken. Butter in einer Pfanne erhitzen, die Riebele hineingeben und goldgelb braten. Man kann auch geriebenen Käse darüberstreuen.

Variante
50–60 g Butter
nach Belieben 40 g geriebener Käse

Lothringer Eintopf
Potée Lorrain

Den fetten Speck würfeln. Die Zwiebeln abziehen und hacken. Das Gemüse waschen, putzen und zerkleinern. Den Speck mit der Butter oder dem Butterschmalz in einen großen Topf geben und auslassen. Geräucherten Schinken, Fleisch und Gemüse zugeben und angehen lassen. Die Bohnen zufügen und mit der Brühe ablöschen, salzen und pfeffern. Bei mäßiger Temperatur etwa 1 Stunde köcheln lassen. Kurz vor Ende der Garzeit die Würste hineingeben.
Das Brot rösten und die Petersilie hacken. Das Brot in tiefe Teller legen. Die Suppe darauf verteilen. Gemüse sowie kleingeschnittenes Fleisch und Würste daraufgeben. Mit der Petersilie bestreut servieren.
Die Zutaten für diesen Eintopf variieren ensprechend der Jahreszeit und Verfügbarkeit. Statt dicker Bohnen eignen sich auch getrocknete Bohnen, die einen Tag vorher eingeweicht werden.

150 g fetter Speck
2 Zwiebel, ½ Kohlkopf
1–2 Mohrrüben, 1 Stange Lauch
1 Stück Sellerieknolle
nach Belieben 1 Kohlrabi
100 g grüne Bohnen
100 g dicke Bohnen
30 g Butter oder Butterschmalz
250 g geräucherter durchwachsener Schinken
600 g Schweinefleisch
2 Liter Brühe, Salz, Pfeffer
2 geräucherte Lothringer Würste
4 Scheiben Brot, Petersilie

Pfarrkirche in Ediger

Karnickelsuppe

¼ Kaninchen (Karnickel)
60 g Speck, 1 Zwiebel
1 Mohrrübe, 1 Stange Lauch
1 Stück Sellerieknolle
1 kleine Petersilienwurzel
30 g Schmalz oder anderes Bratfett
¼ Liter Rotwein
6 schwarze Pfefferkörner
12 zerstoßene Pimentkörner
5 Wacholderbeeren, 1 Nelke
2 Lorbeerblätter, 1 Zweig Majoran
1 Zweig Thymian, Salz
40 g Butter, 35 g Mehl, 1 Bund Petersilie

Das Kaninchen mit Knochen in Stücke zerteilen. Den Speck würfeln. Die Zwiebel abziehen und hacken. Das Gemüse waschen, putzen und kleinschneiden. Das Schmalz in einem weiten Topf erhitzen. Die Speckwürfel zugeben und das Kaninchenfleisch mit Knochen von allen Seiten gut anbraten. Das Gemüse zufügen und einige Minuten unter Rühren weiterbraten. Mit 1½ Liter Wasser und dem Wein ablöschen. Die Gewürze zufügen und 1½ Stunden abgedeckt bei mäßiger Temperatur köcheln lassen.
Die Brühe durchsieben, etwas abkühlen lassen und das Fleisch von den Knochen lösen.
In einem weiten Topf die Butter erhitzen und das Mehl zufügen, goldgelb durchschwitzen lassen. Mit der durchgeseihten Brühe unter Rühren ablöschen. 8 Minuten bei mäßiger Temperatur köcheln lassen. Den Rotwein sowie das Kaninchenfleisch zufügen, nochmals gut abschmecken und die gehackte Petersilie darüber streuen.

Suppe vom Tresterfleisch

von Werner Brohl, Winningen

400–500 g Ochsenlende oder ein anderes gutes Stück Rindfleisch
200 ml Mosel-Trester
2 Zwiebeln
4–5 Stangen Lauch, 1 Mohrrübe
1 Stück Sellerieknolle
50 g Butterschmalz
Salz
Pfeffer
1–1½ Liter Brühe

Das Fleisch in große Würfel schneiden, mit dem Trester übergießen und etwa 36 Stunden ziehen lassen. Dabei immer wieder darauf achten, daß auch die Oberseite des Fleisches mit Flüssigkeit bedeckt ist. Die Zwiebeln abziehen, den Lauch putzen und beides in Ringe schneiden. Mohrrübe sowie Sellerie schälen und würfeln. Butterschmalz in einem Topf erhitzen, das Fleisch kurz anbraten, mit Salz und Pfeffer kräftig würzen. Die Gemüse zugeben, unter Rühren weitere 5 Minuten braten und mit der Trestermarinade übergießen. Die Brühe angießen und 30 bis 40 Minuten bei mäßiger Temperatur köcheln lassen. Nach Belieben nochmals mit Trester abschmecken.

Rindfleischsuppe mit Markklößchen

Für die Brühe:
600–800 g Suppenfleisch mit Knochen vom Rind
2 Bund Suppengrün
1 Lorbeerblatt, Salz

Für die Markklößchen:
1 Scheibe Weißbrot
2–3 Zweige Petersilie
50–60 g Rindermark, von 2–3 Markknochen, 1 Ei
40–50 g Semmelbrösel, Salz
frisch gemahlener weißer Pfeffer
abgeriebene Muskatnuß
1–2 Msp. getrockneter Majoran
1–2 Msp. getrockneter Thymian
nach Belieben feine Nudeln

Das Suppenfleisch waschen. Das Suppengrün waschen, putzen und kleinschneiden. Fleisch und Knochen mit der Hälfte des Suppengrüns und dem Lorbeerblatt in 2 Liter kaltes Wasser geben, salzen und bei mäßiger Temperatur ca. 2 Stunden köcheln lassen. Den Schaum am Anfang hin und wieder abschöpfen. Die Brühe durch ein Sieb in einen sauberen Topf gießen. Das restliche Suppengrün hineingeben, 10 Minuten sieden lassen.
Währenddessen das Weißbrot in wenig heißem Wasser einweichen. Die Petersilie waschen, trockentupfen, die Blättchen von den Stielen zupfen und hacken. Das Knochenmark fein hacken. Das Weißbrot ausdrücken und mit dem Ei, den Semmelbröseln und der Petersilie zu dem Mark geben. Mit Salz, Pfeffer, Muskatnuß, Majoran und Thymian abschmecken. Nachdem die Masse gut durchgeknetet wurde, zwei lange Würste formen und davon kleine gleichmäßige Stückchen abschneiden. Kugeln daraus formen und in die siedende Brühe für etwa 5 bis 7 Minuten geben. Nach Belieben können auch feine Fadennudeln mitgekocht werden.

Weinsuppe

½ Vanilleschote
1 Flasche Weißwein, ¾ Liter
½ unbehandelte Zitrone
1 Zimtstange
50 g Speisestärke
etwa 50 g Zucker
1 Ei und 1 Eigelb
nach Belieben 40 g Rosinen
Zucker und Zimt zum Bestreuen

Die Vanilleschote der Länge nach aufschneiden und das Mark herausschaben. Vanillemark und -schote in den Wein geben. Die Schale der Zitrone abschälen und mit der Zimtstange ebenfalls in den Wein geben. Etwas Wein zum Anrühren der Speisestärke zurückbehalten. Bei mäßiger Hitze ziehen, aber nicht kochen lassen. Vanilleschote, Zitronenschale und Zimtstange entfernen. Die Speisestärke mit dem restlichen Wein verrühren und mit dem Zucker in den Wein rühren. Kurz aufkochen lassen und vom Herd nehmen. Das Ei trennen, etwas heiße Weinsuppe mit dem Eigelb verrühren und zurück in die Suppe rühren. Das Eiweiß steifschlagen. Mit einem Teelöffel Eischnee auf die Suppe setzen und kurz ziehen lassen.
Nach Belieben können auch Rosinen mitgekocht werden.
Nach Geschmack mit Zucker und Zimt bestreuen.

Leberterrine

400 g Hackfleisch vom Schwein
1 Gläschen Eau de Vie oder Trester
1 Zwiebel
1 Knoblauchzehe
50 g fetten Schinkenspeck
250 g frische Champignons
1 Bund glatte Petersilie
2 Frühlingszwiebeln
1 EL Öl
Salz
frisch gemahlener schwarzer Pfeffer
abgeriebene Muskatnuß
1 TL Piment
nach Belieben 1–2 Msp. Thymian und Majoran
500 g gemahlene Schweineleber
3 EL Mehl
2 EL Sahne
1 Ei
150 g Speck in dünne Scheiben geschnitten
2 Lorbeerblätter

Das Hackfleisch mit dem Trester übergießen. Die Zwiebel und die Knoblauchzehe abziehen. Die Zwiebel hacken und die Knoblauchzehe zerdrücken. Den Schinkenspeck würfeln. Die Pilze putzen und sehr klein schneiden. Die Petersilie waschen, trockentupfen, die Blättchen von den Stielen zupfen und hacken. Die Frühlingszwiebel in dünne Ringe schneiden. Das Öl in einer Pfanne erhitzen, den Schinkenspeck zufügen, dann die Zwiebel und in einigen Minuten glasig dünsten lassen. Nun folgen Champignons und Knoblauch. Mit Salz, Pfeffer, Muskatnuß und Piment würzen. Vom Herd nehmen, Thymian, Majoran, und Petersilie sowie die Frühlingszwiebeln zufügen. Etwas abkühlen lassen. Leber mit Hackfleisch und dem Pfanneninhalt vermischen. Mehl, Sahne und Ei zufügen. Die Masse gut abschmecken. Eine Terrine oder ersatzweise Backform aus Glas oder Keramik mit den Speckstreifen auslegen. Die Lebermasse hineingeben, gut glattstreichen und die Speckenden darüberlappen lassen. Die Lorbeerblätter darauflegen und mit Deckel oder Alufolie abdecken. Die Terrine in eine mit heißem Wasser gefüllte Form in den auf 180 °C vorgeheizten Backofen für etwa 1¾ bis 2 Stunden stellen. Die Terrine ist gar, wenn der Saft, der nach oben kommt, gelb ist. Bei Zimmertemperatur abkühlen lassen und einen Tag in den Kühlschrank stellen.

Falls nur eine kleine Terrine verfügbar ist, können aus dem Rest Leberklößchen bereitet werden. Man mischt noch 1 Ei sowie einige Löffel Semmelbrösel darunter, schmeckt gut ab und gibt sie in siedendes Wasser oder besser noch in Brühe.

Stilleben mit Hahn

0,7L
PORTUGALLER HAHN
SEHR SPÄTER RIESLING
12,5%
FAST TROCKEN

Wehlener Specksalat

1 kg Kartoffeln
125 g durchwachsener Bauchspeck
2 Zwiebeln
½ Bund Petersilie
4–5 EL Essig
Salz, Pfeffer
4 EL Öl

Die Kartoffeln waschen und mit der Schale kochen. Während dessen den Bauchspeck in kleine Würfel schneiden. Die Zwiebeln abziehen und hacken. Die Petersilie waschen, trockentupfen, die Blättchen von den Stielen zupfen und hacken. Essig mit Salz und Pfeffer verrühren, das Öl nach und nach zugeben. Die Kartoffeln pellen und warm in Scheiben oder Würfel schneiden. Mit der Salatsauce übergießen. Den Bauchspeck in einer Pfanne braten und mit der Petersilie unter den Salat heben.
Blut- oder Leberwürstchen oder auch gebratener Fisch sind eine leckere Ergänzung.

Löwenzahnsalat

400 g Löwenzahn, 3 Eier
1 kleine Zwiebel
75 g durchwachsener Speck
1 Scheibe Weißbrot
1 EL Öl, 1 EL Butter
½ Bund Borretsch

Für die Salatsauce:
1–1½ EL Essig
Salz, Pfeffer, 3–4 EL Öl

Den Salat putzen, grobe Strünke entfernen, waschen und etwas zerkleinern. Die Eier hart kochen, abschrecken, pellen und würfeln. Die Zwiebel abziehen und hacken. Den Speck und das Brot würfeln. Öl und Butter in einer Pfanne erhitzen, den Speck und das Brot zufügen, etwas ausbraten lassen. Den Borretsch waschen, trockentupfen und die Blättchen hacken. Aus Essig, Salz, Pfeffer und Öl eine Salatsauce herstellen und die Zwiebelwürfel zufügen. Den Löwenzahn in eine Schüssel geben, mit der Salatsauce übergießen, mit Borretsch, gehacktem Ei, Speck und Brotwürfeln bestreuen.

Dicke Bohnen

Die Schotenbohnen sollten noch jung und zart sein. Diese waschen, Wasser zum Kochen bringen, salzen, Bohnenkraut zufügen und die Bohnen bei mäßiger Temperatur garen. Nach dem Abgießen in Scheiben schneiden. Die Butter in einem Topf erhitzen, das Mehl einstreuen und goldgelb anschwitzen lassen. ¼ Liter heiße Bohnenbrühe unter Rühren nach und nach zugeben, dann die Milch und die Sahne. 8 bis 10 Minuten bei mäßiger Temperatur köcheln lassen. Mit Salz und Pfeffer würzen. Die Petersilie waschen, trockentupfen, die Blättchen von den Stielen zupfen und hacken. Bohnen und Petersilie in die Sauce geben.
Mit geräucherten Würsten oder gekochtem, geräuchertem Bauchspeck und Kartoffeln servieren.

1–1,2 kg dicke Bohnen mit Schoten (auch Sau- oder Pferdebohnen genannt)
Salz
1–2 Zweige Bohnenkraut
40 g Butter, 40 g Mehl
⅛ Liter Milch
⅛ Liter Sahne
Pfeffer
½ Bund Petersilie

Gedämpte

Die Kartoffeln waschen, schälen und in große Würfel schneiden. Öl oder Schmalz in einem Bräter erhitzen und die Kartoffeln hineingeben. Den Deckel auflegen und etwa 10 Minuten garen lassen. Nun den Deckel abnehmen, damit die Kartoffelwürfel goldgelb und kroß werden, salzen und zu Braten oder Eierspeisen servieren.

Auch zum Koblenzer Ratsherrenteller (siehe Seite 136) und dem Zeller Äppelfleisch (siehe Seite 137) ist dies die ideale Beilage.

1 kg Kartoffeln
4 EL Öl oder Schmalz
Salz

Petersilien-Rahmkartoffeln

1,2 kg Kartoffeln
40 g Butter
40 g Mehl
gut ¼ Liter Milch
1 Eigelb
Salz, weißer Pfeffer
abgeriebene Muskatnuß
1 Bund Petersilie

Die Kartoffeln waschen und ungeschält 35 bis 40 Minuten in Wasser kochen. Währenddessen die Butter in einem Topf schmelzen lassen, das Mehl einstreuen und goldgelb anschwitzen. Die Milch nach und nach unter Rühren zufügen. Nach Belieben noch mit einem Eigelb abziehen. Mit Salz, Pfeffer und Muskatnuß würzen. Die Petersilie waschen, trockentupfen, die Stiele entfernen. Die Blättchen hacken und unterrühren. Die Kartoffeln pellen, in Scheiben schneiden und mit der Sauce vermischen.

Rilles-Ralles

2 kg Kartoffeln
225 g durchwachsener geräucherter Bauchspeck
4 dicke Zwiebeln (Metzgerzwiebeln)
1 EL Butter für das Blech und 2 EL für die Butterflöckchen
1 EL Öl
Salz, Pfeffer
abgeriebene Muskatnuß
4 Eier

Die Kartoffeln waschen, schälen und in Scheiben schneiden, den Bauchspeck fein würfeln. Die Zwiebeln abziehen und hacken. Die Fettpfanne des Backofens mit der Butter ausstreichen und die Hälfte der Kartoffeln hineingeben. Bauchspeck mit Öl und Zwiebeln in eine Pfanne geben und einige Minuten braten lassen. Die Hälfte des Specks und der Zwiebeln auf die Kartoffeln streuen, mit wenig Salz, Pfeffer und Muskatnuß würzen; dann die restlichen Kartoffeln und den restlichen Speck mit Zwiebeln darauf verteilen. Die Eier verschlagen und darübergießen. Mit Butterflöckchen belegen und in den auf 190 bis 200 °C vorgeheizten Backofen für etwa 45 Minuten stellen.

Krebbelcher

Die Zwiebeln abziehen und würfeln. Die Kartoffeln schälen und reiben. Alles in eine Schüssel geben. Eier und Mehl zufügen, mit Salz, Pfeffer und Muskatnuß würzen. Etwas Öl in einer Pfanne erhitzen und jeweils 3 kleine Kellen Kartoffelteig hineingeben. Beidseitig goldgelb braten und mit den weiteren Krebbelchen genau so verfahren.

2 große Zwiebeln
2 kg Kartoffeln
3 Eier
30 g Mehl
Salz, weißer Pfeffer
abgeriebene Muskatnuß
etwa ¼ Liter Öl

Debbekooche mit Apfelkompott

Die Brötchen in der heißen Milch einweichen. Die Zwiebeln abziehen und hacken. Den Bauchspeck würfeln und den Speck in dünne Scheiben schneiden. Die Kartoffeln schälen, reiben und ausdrücken. 2 Eßlöffel Öl in einer Pfanne erhitzen. Den Bauchspeck und die Zwiebeln darin anbraten, dann herausnehmen. Die Brötchen ausdrücken. Alles zusammen in einer Schüssel vermischen. Die Eier und das Mehl zufügen, mit Salz, Pfeffer und Muskatnuß würzen. Das restliche Öl in einem Bräter heiß werden lassen, den Rand ebenfalls einölen und die Masse hineinfüllen. Die Speckstreifen darauflegen und bei 210 °C etwa 1½ bis 2 Stunden in den vorgeheizten Backofen geben.
Heiß mit Apfelkompott essen.
Gern werden in die Teigmasse zusätzlich in Stücke geschnittene Mettwurst oder auch gedünstete Lauchringe mit hineingegeben.
Nach Belieben zur Verfeinerung noch etwas saure oder süße Sahne zufügen.

1½ Brötchen
¼ Liter Milch
4 Zwiebeln
250 g geräucherter durchwachsener Bauchspeck
200 g fetter Speck
2½ kg Kartoffeln
6–7 EL Öl
3 Eier
1 EL Mehl
Salz
Pfeffer
abgeriebene Muskatnuß

Kürbis-Kartoffelplätzchen

300 g Kürbis
300 g Kartoffeln
1 Bund Petersilie oder gemischte Kräuter wie Majoran und Thymian
2 Eier
40 g Mehl
Salz, Pfeffer
Öl zum Braten

Den Kürbis schälen, von Kernen befreien und reiben. Die Kartoffeln waschen, schälen und ebenfalls reiben. Die Kräuter waschen, von den Stielen befreien und hacken. Die Eier und das Mehl zu den übrigen Zutaten geben, vermischen, mit Salz und Pfeffer würzen.
Öl in einer Pfanne erhitzen. Jeweils einen Eßlöffel der Masse in die Pfanne geben und beidseitig goldgelb braten.

Eierschmier

4 Eier
125 g Mehl
knapp 1/8 Liter Milch
Salz
1 EL ausgelassenes Speckfett
1 EL Butter

Eier mit Mehl sowie Milch verrühren und salzen. 15 bis 20 Minuten abgedeckt stehen lassen. Speckfett und Butter in eine weite Pfanne geben, erhitzen, den Teig zufügen und bei mäßiger Temperatur stocken lassen.

Eierschmier mit einem Salat und kräftigem Brot servieren oder auch kalt auf das Brot streichen.

Knödel aus Weizenmehl
Kniddelen
Luxemburg

Das Mehl in eine Schüssel sieben und mit dem Backpulver vermischen. In die Mitte eine Vertiefung drücken. Die Eier mit dem Salz hineingeben. Soviel Milch zugießen, daß der Teig schwer reißend vom Löffel fällt. Einen großen Topf Wasser zum Kochen bringen, Salz hinzufügen und mit einem Löffel Teig ins siedende Wasser gleiten lassen. Zunächst sinken die Kniddele auf den Grund, dann steigen sie wieder hoch. Noch 3 bis 4 Minuten sieden lassen, einmal wenden und mit einem Schaumlöffel herausnehmen.
Mit zerlassener Butter begießen und zu Wildgerichten servieren.
Früher trank man gern Buttermilch dazu. Dann war dies eine eigenständige Mahlzeit.

450 g Weizenmehl
nach Belieben 2 TL Backpulver
4 Eier
Salz
etwa ¼ Liter Milch
Butter

Grießklöße

Die Kräuter waschen, trockentupfen, die Blättchen von den Stielen zupfen und hacken. Die Milch mit Butter, Salz, Pfeffer und Muskatnuß zum Kochen bringen. Den Grieß hineinstreuen und unter Rühren bei mäßiger Temperatur so lange quellen lassen bis sich die Masse des Kloßes vom Topfboden löst. Vom Herd nehmen und die Eier nach und nach hineinrühren. Käse und Kräuter zufügen und abschmecken. Mit feuchten Händen oder einem Eßlöffel Klößchen formen und in die kochende Brühe geben. 6 bis 10 Minuten je nach Größe bei mäßiger Temperatur ziehen lassen. Mit dem Schaumlöffel herausnehmen und mit zerlassener Butter begießen.

Statt der Kräuter, Salz, Pfeffer und Muskatnuß kann man auch Zucker nehmen. Dann werden die Klöße in Milch gegart und mit Obst serviert.

Gemischte Kräuter wie Petersilie, Schnittlauch, Salbei, Estragon
½ Liter Milch
50 g Butter
Salz, weißer Pfeffer
abgeriebene Muskatnuß
175 g Grieß
2–3 Eier
nach Belieben 1–2 EL geriebener Käse
1½–2 Liter Brühe oder Wasser
Butter zum Abschmelzen

Gefüllte Klöße

800 g Kartoffeln waschen und ungeschält kochen. Am nächsten Tag pellen und reiben oder durchpressen.
Die Zwiebel abziehen und hacken. Den Lauch waschen und in schmale Ringe schneiden. Den Bauchspeck und das Brötchen würfeln. Öl oder Butterschmalz in einer Pfanne erhitzen. Bauchspeck, Zwiebel und Hackfleisch hineingeben und unter Rühren anbraten. Den Lauch zufügen und weiterbraten, insgesamt etwa 12 bis 15 Minuten. Mit Salz und Pfeffer würzen und vom Herd nehmen. Die Eier verschlagen und mit dem Pfanneninhalt vermischen. Die rohen Kartoffeln schälen und reiben. In ein Küchentuch geben und das Kartoffelwasser ausdrücken. Die feste Masse mit den gekochten Kartoffeln und Mehl verarbeiten, würzen und durchkneten. Jeweils etwa 100 g Masse zu einer Kugel formen, in die linke Hand nehmen, eine Vertiefung hineindrücken und etwas Füllmasse hineingeben. Es geht leichter, wenn die Hände mit kaltem Wasser angefeuchtet werden. Gut verschließen und die Klöße mit Hilfe einer Schaumkelle in kochendes Salzwasser geben. 40 bis 45 Minuten sieden, nicht kochen lassen.
Mit in Butter gerösteten Semmelbröseln oder saurer Sahne und Speckgrieben servieren.

Für etwa 8 Stück

Für den Kloßteig:
1,5 kg Kartoffeln
etwa 100 g Mehl
Salz, Pfeffer
abgeriebene Muskatnuß

Für die Füllung:
1 Zwiebel, 1 Stange Lauch
125 g durchwachsener Bauchspeck
1 Brötchen
2 EL Öl oder Butterschmalz
350 g Hackfleisch
Salz, Pfeffer, 2 Eier

Zwiebelduckes

Die Zwiebeln abziehen, halbieren und in dünne Ringe schneiden. Das Öl erhitzen und die Zwiebeln darin glasig braten. Mit dem Essig ablöschen.
Diese einfache Sauce wird zu Gequelltem und zu Klößen gegessen.

3–4 Zwiebeln
4 EL Öl
2 EL Weinessig

Rebe mit Glas

Speckkuchen

Für 1 Blech

Für den Hefeteig:
400 g Weizenmehl
30–40 g Hefe
1 TL Zucker
etwa 175 ml Milch
70 g Butter
Salz

Für den Belag:
300 g geräucherter durchwachsener Bauchspeck
2 Eigelb
Pfeffer

Butter für das Blech

Das Mehl in eine Schüssel sieben. In die Mitte eine Vertiefung drücken. Die Hefe hineinbröckeln und den Zucker auf die Hefe streuen. Die warme Milch daraufgießen und die Hefe zu einem Brei rühren. Mit Mehl bestäuben. Abgedeckt an einem warmen Ort 15 bis 20 Minuten stehen lassen bis die Hefe aufgegangen ist.
Die Butter erwärmen, so daß sie flüssig wird, dann wieder etwas abkühlen lassen. Die Butter zufügen, salzen und den Teig durchkneten. Abgedeckt nochmals an einem warmen Ort etwa 30 Minuten gehen lassen bis er gut aufgegangen ist.
Währenddessen den Speck würfeln. Das Blech einfetten. Den Teig ausrollen und auf das Blech legen. Nochmals etwa 45 Minuten gehen lassen und Rauten einkerben. Den Teig mit Eigelb bestreichen und mit Speckwürfeln bestreuen. Mit wenig Salz und Pfeffer würzen. In den auf 200 °C vorgeheizten Backofen für 25 bis 35 Minuten stellen.

Warm schmeckt er ausgezeichnet zu Federweißem, Wein oder Viez.

Abwandlung: 150 g Quark mit 100 ml Sahne, 1 EL Mehl, 1 EL Öl, 1 Eigelb, Salz und Pfeffer verrühren und auf den Teig streichen. Eine Zwiebel hacken und mit dem Speck auf die Quarkmischung streuen.

Weinkeller mit Fässern

Quiche Lorraine

Für den Mürbeteig:
250 g Mehl
125 g Butter und Butter für die Form
1 Eigelb, Salz
30–50 ml kaltes Wasser

300 g magerer geräucherter Bauchspeck
2 Zwiebeln
30 g Butter
½ Bund Petersilie
3–4 Eier
200 ml Sahne
100 g geriebener Emmentaler
Salz, Pfeffer
abgeriebene Muskatnuß

Das Mehl auf die Arbeitsfläche sieben und in die Mitte eine Vertiefung drücken. Butter, Eigelb, Salz und Wasser hineingeben und verkneten, zu einer Kugel formen. In eine Schüssel geben und abgedeckt etwa 2 Stunden kühl stellen.
Den Bauchspeck in kleine Würfel schneiden. Die Zwiebeln abziehen und hacken. Die Butter in einer Pfanne zerlassen, Zwiebeln und Bauchspeckwürfel unter Rühren leicht goldgelb werden lassen. Die Petersilie waschen, trockentupfen, die Blättchen von den Stielen zupfen und hacken. Eier, Sahne und Käse verrühren und die Petersilie zufügen. Mit wenig Salz, Pfeffer und Muskatnuß würzen.
Eine Keramik- oder Porzellanform von 28 cm Durchmesser einfetten. Den Teig ausrollen und damit auslegen. Mit der Gabel mehrfach einstechen und 15 bis 20 Minuten in dem auf 210 °C vorgeheizten Backofen vorbacken.
Die Bauchspeck-Zwiebel-Mischung auf den Teig geben und mit der Eiersahne übergießen. Nochmals für etwa 20 Minuten in den vorgeheizten Ofen stellen.
Ein fruchtiger Vin Gris de Toul erhöht den Genuß.

Zwiebelkuchen

Für den Teig:
250 g Mehl, 20 g Hefe
1 TL Zucker, 1/8 Liter Milch
Salz, 2 EL Öl oder Butter

Für den Belag:
1 kg Gemüsezwiebeln
nach Belieben 1 Knoblauchzehe
200 g geräucherter Bauchspeck
1 EL Öl, 1/8 Liter trockener Weißwein
Pfeffer
1 TL Fleischextrakt
2 Eier, 150–200 ml saure Sahne
1 TL Kümmel

Das Mehl in eine Schüssel sieben. In die Mitte eine Vertiefung drücken. Die Hefe hineinbröckeln und den Zucker zufügen. Hefe und Zucker mit der lauwarmen Milch verrühren. Etwas Mehl vom Rand darüberstreuen und abgedeckt 15 Minuten an einem warmen Ort gehen lassen. Salz und Öl oder die weiche Butter zufügen und alles verkneten. Nochmals etwa 20 Minuten gehen lassen.
Inzwischen den Belag herstellen. Die Zwiebeln und die Knoblauchzehe abziehen. Die Zwiebeln halbieren und in dünne Halbringe schneiden. Die Knoblauchzehe zerdrücken. Den Bauchspeck würfeln. Das Öl in einer weiten Pfanne erhitzen. Bauchspeck und Zwiebeln zufügen und glasig werden lassen. Knoblauch zufügen und mit dem Wein ablöschen. Mit Salz, Pfeffer und Fleischextrakt würzen. Schmoren lassen bis die Flüssigkeit verdampft ist. Vom Herd nehmen und etwas abkühlen lassen.
Den Teig ausrollen, am besten geht dies auf Backpapier und auf das Backblech legen. Erneut kurz gehen lassen, dann die Zwiebeln darauf verteilen. Eier und saure Sahne verschlagen, Kümmel zufügen und über die Zwiebeln geben. In den auf 200 °C vorgeheizten Backofen für 25 bis 30 Minuten stellen.
Dazu gibt es an der Mosel im Herbst einen Federweißen.

Hefe-Waffeln zu Suppen

400 g Mehl
knapp 1/2 Liter Milch
25–30 g Hefe
1 TL Zucker
150 g Butter
4 Eier
Salz
1 Zwiebel
150 g Schinkenspeck
1 Stück Speckschwarte

Das Mehl in eine Schüssel sieben. Die erwärmte, aber nicht heiße Milch mit der zerbröckelten Hefe und dem Zucker verrühren und zu dem Mehl geben. Weiche Butter, Eier und wenig Salz zufügen. Abgedeckt stehen lassen.
Unterdessen die Zwiebel abziehen und hacken, den Schinkenspeck würfeln. Beides in einer Pfanne dünsten und abgekühlt unter den Teig geben.
Ein Waffeleisen mit Speckschwarte einfetten, den Teig portionsweise hineingeben und goldgelb backen.
Nach Belieben können auch Kümmel oder Kräuter dem Teig zugefügt werden.

Turm bei Zell mit Moselfischen

Weinberg-Schnecken

1 Zwiebel
1 Knoblauchzehe
1 Mohrrübe
1 Stück Sellerieknolle
1 kleine Stange Lauch
je 1 Zweig frischer Rosmarin, Kerbel, Estragon
2 Zweige Petersilie
1 Bund Schnittlauch
1 EL Öl
2 EL Butter
32 vorbereitete Weinbergschnecken
1–2 EL Mehl
¼ Liter Mosel-Riesling
¼ Liter Sahne

Die Zwiebel und die Knoblauchzehe abziehen. Die Zwiebel hacken und die Knoblauchzehe zerdrücken. Das Gemüse putzen, waschen und kleinschneiden. Die Kräuter waschen, trockentupfen, die Blättchen von den Stielen zupfen und hacken.
Das Öl in einem weiten Topf erhitzen. Die Butter zufügen. Das Gemüse einige Minuten andünsten. Die Schnecken zufügen und mit dem Mehl bestäuben. Kurz durchschwitzen lassen und mit dem Riesling und der Sahne ablöschen. 8 bis 10 Minuten bei mäßiger Temperatur köcheln lassen.
Vom Herd nehmen, die Kräuter unterrühren und sofort servieren.

Gratinierte Topinambur mit frischem Ziegenkäse

Gratin de Topinambours au chèvre frais

800 g Topinambur
2 EL Zitronensaft
20 g Butter für die Form
150–200 ml Sahne
Salz
frisch gemahlener weißer Pfeffer
1 Zweig möglichst frischer Rosmarin, ersatzweise getrockneter
200–250 g fettreicher frischer Ziegenkäse

Die Topinambur gründlich waschen und bürsten, in kochendes Zitronenwasser geben und 5 bis 7 Minuten blanchieren. Abschrecken, die Haut abziehen und in Scheiben schneiden. Eine ovale Auflaufform mit Butter ausstreichen. Die Tobinamburscheiben hineinschichten und mit der Sahne übergießen. Salzen, pfeffern und die von den Zweigen abgestreiften Rosmarinblättchen darüber streuen.
Den Ziegenkäse in Scheiben schneiden und darauflegen. In den auf 200 °C vorgeheizten Backofen für 20 bis 25 Minuten stellen, bis der Käse goldgelbe Ränder bekommt.
Diese oder ähnliche Rezepte mit Ziegenkäe sind in den Vogesen sehr beliebt. Käse aus heimischen Käsereien verleihen diesem Gericht die besondere Note.

Fisch und Krustentiere

Matelote in Riesling

Die Fische schuppen, ausnehmen und die Köpfe entfernen oder dies schon vom Fischhändler erledigen lassen. Nach Belieben die Gräten entfernen und den Fisch in Stücke von 4 bis 5 cm schneiden. Gräten und Köpfe waschen und aufbewahren.
Die Zwiebel abziehen und würfeln. Die Mohrrüben schaben und in Stücke schneiden. Lauch und Sellerie putzen, gründlich waschen und kleinschneiden. Die Kräuter waschen. Den Wein mit ½ bis ¾ Liter Wasser, den Köpfen und Gräten der Fische, Gemüse, Thymian, die Hälfte von Estragon und Petersilie in einen Topf geben. Mit Salz, Pfeffer, Muskatnuß würzen und 15 Minuten köcheln lassen.

Die Fischbrühe durch ein Sieb in einen Topf gießen. Die Sahne zufügen und etwas einkochen lassen. Den Fisch einlegen und etwa 12 Minuten köcheln lassen. Den Fisch mit der Schaumkelle herausnehmen und warmstellen.
Mehl und Butter verkneten und zufügen. Das Eigelb mit etwas Sauce verrühren, vom Herd nehmen und das Eigelb einrühren. Den Fisch nochmals kurz einlegen und mit den zurückbehaltenen gehackten Kräutern bestreut servieren.

1,8–2 kg Süßwasserfische wie Aal, Hecht, Barsch, Forelle
1 Zwiebel
1–2 Mohrrüben
1 Stange Lauch
1 Stück Sellerieknolle
2 Zweige frischer Thymian
4 Zweige Estragon
4 Zweige Petersilie
1 Lorbeerblatt
½ Liter Riesling
Salz
frisch gemahlener weißer Pfeffer
abgeriebene Muskatnuß
¼ Liter Sahne
2 TL Mehl
1 EL Butter
1–2 Eigelb

Forelle in Riesling

4 Forellen von je etwa 250–350 g
Salz
frisch gemahlener weißer Pfeffer
1 Zwiebel
200 g Champignons
10 g Butter
¼ Liter Riesling
½ Bund Petersilie
½ Bund Dill

Die Forellen säubern, salzen und pfeffern. Die Zwiebel abziehen und fein würfeln. Die Champignons putzen und in Scheiben schneiden.
Eine feuerfeste Auflaufform mit der Butter ausstreichen. Die Zwiebel und die Champignons hineinlegen, die Forellen darauf verteilen, den Wein angießen und die Form mit Folie bedecken. In den auf 210 °C vorgeheizten Backofen für etwa 20 Minuten stellen.
Petersilie und Dill waschen, trockentupfen, die Blättchen von den Stielen zupfen und hacken. Über die fertigen Forellen streuen und servieren.

Mosel-Hecht

1 Hecht von 1,5–1,6 kg Gewicht
Saft ½ Zitrone
Salz
1 große Zwiebel
250 g frische Champignons
1 kleine Petersilienwurzel
2–3 EL Mehl
50 g Butter
⅜ Liter Mosel-Riesling
frisch gemahlener weißer Pfeffer
1 Bund Petersilie
⅛ Liter Sahne

Den Hecht schuppen, ausnehmen und waschen. Mit Zitronensaft beträufeln und salzen. Die Zwiebel abziehen und hacken. Die Champignons putzen und in Scheiben schneiden. Die Petersilienwurzel schälen und in sehr kleine Würfel schneiden. Den Hecht ringsum mit Mehl bestäuben. Die Butter in einer Kasserolle erhitzen. Den Hecht hineingeben und etwas anbraten. Dann Zwiebel, Champignons und Petersilienwurzel zufügen. Kurz weiterbraten und den Riesling angießen. Mit Salz und Pfeffer würzen. Abgedeckt bei sehr mäßiger Temperatur etwa 15 Minuten garen lassen. Unterdessen die Petersilie waschen, trockentupfen, die Blättchen von den Stielen zupfen und hacken. Kurz vor Beendigung der Garzeit die Sahne zufügen. Mit der Petersilie bestreuen und mit Salzkartoffeln oder Püree servieren.
Ein frischer Blattsalat oder auch Feldsalat paßt ausgezeichnet dazu.
Der Hecht darf auf keinen Fall eine zu lange Garzeit haben, da dies dem Fisch nicht bekommen würde.

Hecht in Sahne

Das Hechtfilet möglichst völlig von Gräten befreien, portionicren, abspülen, trockentupfen und hauchdünn mit Mehl überpudern. Die Zwiebel abziehen und hacken. Das Öl mit der Butter in einer Pfanne erhitzen. Das Hechtfleisch beidseitig leicht anbraten, salzen, pfeffern und mit Zitronensaft beträufeln. Zwiebel, Lorbeerblatt, Thymianzweig und Petersilienzweig zufügen. Abgedeckt 10 bis 15 Minuten bei sehr mäßiger Temperatur garen lassen.
Vom Herd nehmen, den Fisch warmstellen und den Sud durch ein Sieb in einen Topf gießen. Saure Sahne zufügen und unter Rühren erhitzen. Den Käse zufügen. Vom Herd nehmen, mit Eigelb legieren und abschmecken. Damit die Sauce nicht gerinnt, 1 bis 2 Eßlöffel Sauce zu dem Eigelb geben, dann erst alles zusammen zur Sauce zurückgießen.
Nach Belieben mit frischer Butter binden. Mit Worcestershiresauce abschmecken. Das Hechtfilet schwimmend in der Sauce servieren.

1 kg Hechtfilet
1 EL Mehl
1 kleine Zwiebel
1 EL Öl
2–3 EL Butter
Salz
frisch gemahlener weißer Pfeffer
1 EL Zitronensaft
1 Lorbeerblatt
1 Zweig Thymian
1 Zweig Petersilie
200 g fetthaltige saure Sahne wie Crème cuisine oder Crème fraîche
2–3 EL geriebener Parmesan
2 Eigelb
50 g Butter
Worcestershiresauce

Gebackene Moselfische

Die Fische ausnehmen, säubern, abspülen und trockentupfen. Mit Salz und Pfeffer würzen und mit Mehl bestäuben. Das Erdnußöl in einer Friteuse oder tiefen Pfanne erhitzen und die Fische schwimmend goldgelb darin ausbacken.
Dazu gibt es nach Belieben Zitronenecken, Bauernbrot und Wein oder auch Viez.

20 kleine Moselfische wie Weißfische oder Rotaugen
Salz, frisch gemahlener Pfeffer
Mehl
Erdnußöl

Vogesen-Krebse

2 Mohrrüben, 2 Zwiebeln
1 Frühlingszwiebel
1 Stück Sellerieknolle
60 g Butter
1 Flasche guter Moselwein
1 Kräuterbund bestehend aus
2 Lorbeerblättern, je 2 Zweige Thymian, Petersilie und Estragon
Salz, frisch gemahlener Pfeffer
1–2 Msp. Cayennepfeffer
1 Msp. Nelkenpulver
½ TL Kümmel
1 Gläschen Kirschwasser
48–60 Krebse

Das Gemüse waschen, putzen und zerkleinern. Die Butter erhitzen und das Gemüse bei mäßiger Temperatur andünsten. Die Frühlingszwiebel noch zurückbehalten. Den Wein und ½ Liter Wasser angießen, das Kräuterbündel hineinlegen. Mit Salz, Pfeffer, Cayennepfeffer, Nelkenpulver und Kümmel würzen. 5 bis 10 Minuten köcheln lassen. Mit Kirschwasser fein abschmecken.
Die Krebse gründlich waschen und den Darm entfernen. Den Sud stark kochen lassen und die Krebse kopfüber hineingeben. Abgedeckt 10 bis 12 Minuten kochen bis sie leuchtendrot sind. Das Kräuterbündel entfernen und die Krebse im Sud servieren.
Das Fleisch der Scheren und Schwänze ist eine Delikatesse. An der deutschen Mosel gibt man gern noch einen Bund Dill hinein und verzichtet auf Thymian sowie Estragon. Auch wird das Gemüse nicht angedünstet.

Karpfenfilet mit Linsen
Filet de carpe aux lentillons

250 g Linsen
750 g Karpfenfilet
2 EL Zitronensaft
1 Schalotte
1 Knoblauchzehe
1 Mohrrübe
Salz
frisch gemahlener weißer Pfeffer
1 EL Öl
1–2 EL Butter
125 ml Wein
125 ml Sahne
1 Bund Schnittlauch

Die Linsen einige Stunden in Wasser einweichen. Das Karpfenfilet in 4 gleichmßige Stücke schneiden und mit Zitronensaft beträufeln. Die Schalotte und die Knoblauchzehe abziehen. Die Mohrrübe schaben und in Stücke schneiden. Die Linsen in frischem Wasser mit Schalotte, Knoblauchzehe und Mohrrübe aufsetzen und in 40 bis 50 Minuten, je nach Größe und Alter der Linsen, weichkochen. Dann erst salzen und pfeffern.
Das Öl in einer Pfanne erhitzen und die Butter zufügen. Das Karpfenfilet salzen und beidseitig je etwa 2 Minuten bei mäßiger Hitze braten. Mit Wein und Sahne ablöschen und weitere 3 bis 4 Minuten abgedeckt köcheln lassen. Den Schnittlauch waschen und in Röllchen schneiden, zu den Linsen geben. Das Karpfenfilet herausnehmen und warmstellen. Den Fischsud einkochen, abschmecken und über das Karpfenfilet gießen.
Mit den Linsen und Kartoffeln servieren.

Wie erkennt man frischen Fisch?

Die Kiemen sind leuchtend rosa oder rot und liegen fest an.
Fangfrischer Fisch hat festes Fleisch und klare, glänzende Augen.
Aufdringlicher Fischgeruch läßt auf lange Lagerzeit schließen.

Fleisch, Geflügel und Wild

Koblenzer Ratsherrenteller

Für 6 Personen

Für die Marinade:
2 Zwiebeln
6 entbeinte Schweinesteaks
à 225–250 g (Hals, Nacken)
15 schwarze Pfefferkörner
10 Wacholderbeeren
4 Pimentkörner, 2 Nelken
2 Lorbeerblätter
½–¾ Liter Mosel-Riesling
3–4 EL Weißwein-Essig
Salz, Pfeffer
1–2 EL Senf

Zur Fertigstellung:
2 Zwiebeln
15 g Mehl
40 g Kräuterbutter
2–3 EL Butterschmalz
⅛ Liter Sahne

Die Zwiebeln abziehen und in Scheiben schneiden. Die Schweinesteaks in eine große Schüssel legen. Zwiebeln, Pfefferkörner, Wacholderbeeren, Pimentkörner, Nelken und Lorbeerblätter zufügen. Mit dem Riesling und Essig begießen. Abgedeckt und gekühlt 2 bis 3 Tage unter häufigem Wenden marinieren.
Zum Braten das Fleisch trockentupfen, mit Salz und Pfeffer bestreuen und mit Senf bestreichen. Die Marinade durch ein Sieb gießen.
Die Zwiebeln abziehen und fein hacken. Mehl und Kräuterbutter verkneten. Butterschmalz in einem weiten Topf erhitzen. Das Fleisch von allen Seiten gut anbraten. Die Zwiebeln zufügen und einige Minuten weiterbraten. Mit gut ¼ Liter Marinade ablöschen und bei mäßiger Temperatur köcheln lassen bis das Fleisch gut ist. Das Fleisch herausnehmen und warmstellen. Die Garflüssigkeit passieren. Mehl-Kräuterbutter sowie die Sahne hineinrühren und 5 Minuten bei mäßiger Temperatur köcheln lassen. Eventuell das Fleisch noch einmal kurz in die Sauce legen.

Mit Speckböhnchen und Gedämpten servieren (siehe Seite 119).
Als Getränk einen Mosel-Riesling, am besten von der gleichen Sorte wie er zur Zubereitung des Gerichts genommen wurde, servieren.

Zeller Äppelfleisch

Die Rosinen in Moselhefen einlegen. Die Zwiebeln abziehen und kleinschneiden. Die Äpfel schälen, in Scheiben schneiden und mit dem Zitronensaft beträufeln. Butterschmalz in einem weiten Topf erhitzen und das Fleisch von allen Seiten darin anbraten. Mit Salz, Pfeffer und Paprikapulver würzen. Die Zwiebeln und die Hälfte der Äpfel zufügen. Nach weiteren 10 Minuten mit dem Wein ablöschen und die eingelegten Rosinen zugeben. Abgedeckt etwa 50–60 Minuten schmoren lassen.
Kurz vor Ende der Garzeit die restlichen Äpfel und die Sahne zufügen.
Mit Gedämpten servieren (siehe Seite 119).

50 g Rosinen
1–2 Gläschen Moselhefen
2–3 Zwiebeln
5 Äpfel
½ Zitrone
40–50 g Butterschmalz
800–1000 g Schweineschulter ohne Knochen
Salz, frisch gemahlener Pfeffer
1 TL Paprikapulver, edelsüß
¼ l Mosel-Riesling
⅛ l Sahne

Schweinefleisch in Bier
Échine à la bière
Lothringen

Die Zwiebeln abziehen und in schmale Ringe schneiden. Sellerie und Mohrrübe waschen, putzen und fein würfeln. Thymianzweig, Lorbeerblatt und Petersilienzweige zusammenbinden. Das Öl in einem Bräter erhitzen und die Butter zufügen. Die Schweineschulter hineingeben und von allen Seiten gut anbraten. Das Fleisch herausnehmen, Zwiebeln, Sellerie und Mohrrüben hineingeben und goldgelb dünsten. Zucker und Semmelbrösel zufügen und weiterdünsten.
Nun das Fleisch wieder hineingeben, das Bier angießen und zugedeckt bei mäßiger Temperatur etwa 1½ Stunde schmoren lassen. Das Fleisch mit den Zwiebeln auf einer Platte anrichten.
Nach Belieben den Schmorfond einkochen lassen und über das Fleisch geben.

800 g Zwiebeln
1 kleines Stück Sellerieknolle
1 Mohrrübe
1 Zweig Thymian, 1 Lorbeerblatt
5 Zweige Petersilie
2 EL Öl, 2 EL Butter
1 kg Schweineschulter ohne Knochen, in Form gebunden
1 TL Zucker
40 g Semmelbrösel
½ Liter helles Bier

Gräwes

800–1000 g Schweinerippchen oder Eisbein
¾ Liter Brühe
2 Zwiebeln
750 g Sauerkraut
¼ Liter Mosel-Riesling
1 Lorbeerblatt
2 Nelken
5 Wacholderbeeren
3 Pimentkörner
Salz, frisch gemahlener Pfeffer
1 kg Kartoffeln
etwa ¼ Liter heiße Milch
100–125 g Speck

Schweinerippchen oder Eisbein in einen weiten Topf geben. Die Brühe hinzugießen und etwa 30 Minuten kochen lassen. Die Zwiebeln abziehen, würfeln, und eine Zwiebel mit dem Sauerkraut zufügen. Den Wein angießen und die Gewürze zugeben. Nochmals gut ½ Stunde bei mäßiger Temperatur abgedeckt kochen lassen. Währenddessen die Kartoffeln waschen, schälen und kochen. Heiß durchpressen und die erhitzte Milch zufügen. Zu einem Brei verarbeiten.
Das Sauerkraut wird mit dem Püree vermischt und das in Stücke geschnittene Fleisch dazugelegt. Den Speck würfeln und zusammen mit der restlichen Zwiebel in einer kleinen Pfanne braten. Über das Gericht geben.
Dies ist die richtige Mahlzeit für die Arbeit im Wingert.
Aufgewärmt im Rebenfeuer ein sättigendes und köstliches Essen.

Wingertpfanne

800 g Kartoffeln
60 g Bratfett
4 kleine frische Blutwürste
4 kleine frische Leberwürste
10 Radieschen
4 kleine eingelegte Gurken oder Cornichons
1 Bund Schnittlauch
12–16 eingelegte Silberzwiebeln

Die Kartoffeln waschen und 35 bis 40 Minuten in der Schale kochen, abschrecken, pellen und in Scheiben schneiden. Das Bratfett in einer Pfanne erhitzen und die Kartoffeln goldgelb braten.
In einer gesonderten Pfanne die Würste braten, dann zu den Kartoffeln geben. Radieschen und Gurken in Scheiben, den Schnittlauch in Röllchen schneiden und mit den Silberzwiebeln die Wingertpfanne garnieren.

Stilleben mit Wein

DE MOSELLE

Kaninchenragout
Kanéngchensragout
Luxemburg

1 Kaninchen von etwa 1 kg Gewicht
Salz, Pfeffer
3 Schalotten, 1 Petersilienwurzel
100 g magerer geräucherter Bauchspeck
40 g Butter, 20 g Mehl
gut ¼ Liter Wein, Auxerrois oder Elbling
gut ⅛ Liter Fleischbrühe

Das Kaninchen waschen, trockentupfen und in 8 Stücke teilen, salzen und pfeffern. Die Schalotten abziehen und fein schneiden. Die Petersilienwurzel schaben und kleinschneiden. Den Bauchspeck würfeln. Butter und Bauchspeck in einen Bräter geben und schmelzen lassen. Die Kaninchenstücke von allen Seiten gut anbraten. Die Schalotten und die Petersilienwurzel zufügen und mit Mehl bestäuben. Salzen, pfeffern, kurz durchdünsten lassen und mit ¼ Liter Wein und der Fleischbrühe ablöschen. Abgedeckt etwa 50 Minuten garen lassen. Den Fond mit Senf und dem restlichem Wein anreichern und abschmecken.
Mit Nudeln oder Spätzle servieren.
Wirsing oder Rotkohl passen gut dazu.

Hase nach Winzer Art
Lièvre vigneron

1 Zwiebel
1 Stück Sellerieknolle, etwa 50 g
1 Mohrrübe
1 Bund Petersilie
1 vorbereiteter Hasenrücken
Salz, schwarzer Pfeffer
1 Lorbeerblatt
2 Zweige getrockneter Thymian
½ Liter Rotwein aus der Gegend von Toul
30–40 g Butterschmalz
2 Msp. Paprikapulver, edelsüß
200 g rote Trauben, ⅛ Liter Sahne
1 TL milder französischer Senf
30 g Butter, 20 g Mehl

Die Zwiebel abziehen und würfeln. Den Sellerie und die Mohrrübe schälen und würfeln. Die Petersilie waschen, trockentupfen, die Stiele entfernen und die Blättchen hacken. Den Hasenrücken in eine längliche Form legen, salzen und pfeffern. Das Gemüse sowie Lorbeerblatt und Thymian zufügen, mit dem Wein begießen und 24 bis 36 Stunden an einem kühlen Ort stehen lassen.
Den Hasenrücken anschließend herausnehmen und trockentupfen. In einem Bräter das Butterschmalz erhitzen und den Hasenrücken beidseitig bei mäßiger Temperatur leicht anbraten. Abgedeckt noch etwa 35 bis 40 Minuten garen lassen, nun mit Salz, Pfeffer und Paprikapulver würzen. Währenddessen die Trauben waschen und entkernen. Den Hasenrücken herausnehmen und warmstellen. Den Bratfond mit der Hälfte der durchgeseihten Beize ablöschen. Sahne und Senf zufügen. Butter und Mehl verkneten und in die Sauce rühren. 3 Minuten köcheln lassen. Nochmals abschmecken und die Trauben hineingeben. Einen Teil der Sauce über den Hasenrücken gießen und die restliche Sauce gesondert dazu reichen.
Dazu mundet am besten der gleiche Wein, der zum Einlegen genommen wurde.

Ente mit Kräutern
Canard à toutes les herbes
Lothringen

Die Ente in 8 bis 10 Stücke zerlegen und zart mehlen. Alle Gemüse und Kräuter waschen und trockentupfen. Sauerampfer, Mangold und Spinat von groben Stielen befreien und die Blätter feinstreifig schneiden. Lauch, Sellerie und Mohrrübe in schmale Scheiben schneiden. Die Blättchen der Kräuter abzupfen und hacken.
Das Fett in einem Bräter erhitzen und die Ente von allen Seiten gut anbraten, salzen und pfeffern. Das Gemüse und die Kräuter zufügen und kurz durchschmoren lassen. Mit dem Wein ablöschen und zugedeckt bei mäßiger Temperatur etwa 1¼ Stunde köcheln lassen.
Die Entenstücke warmhalten, nach Belieben die Bratflüssigkeit entfetten. Butter und Mehl verkneten und mit der Crème fraîche in die Sauce geben. Kurz aufkochen lassen und mit den Entenstücken servieren.

1 Ente von etwa 1,8 kg, 3 EL Mehl
125 g Sauerampfer, 125 g Mangold
125 g Spinat, 125 g Lauch
125 g Selleriestangen
1 Stück Sellerieknolle von etwa 50 g
1 kleine Mohrrübe
½ Bund glatte Petersilie
je 2 Zweige Estragon, Kerbel, Thymian, Minze
30 g Fett, Salz, Pfeffer
gut ¼ Liter Weißwein
1 EL Butter, 1 EL Mehl
2 EL Crème fraîche

Rebhühner mit Weintrauben

400 g blaube Trauben
4 küchenfertige Rebhühner von etwa 300 g Gewicht
Salz, weißer Pfeffer
4 Wacholderbeeren
25 g Butter, 4 Weinblätter
4 Scheiben grüner Speck
60–80 g Speck in Würfel geschnitten
gut ¼ Liter Rotwein
⅛ Liter Hühnerbrühe
⅛ Liter Crème fraîche

Für die Mehlbutter:
1 EL Mehl, 1 EL Butter

Für die Garnitur:
4–5 Weinblätter

Die Trauben halbieren und entkernen. Die Rebhühner waschen, trockentupfen und innen mit Salz, Pfeffer und zerstoßenen Wacholderbeeren würzen. Die Hälfte der Trauben in die Rebhühner füllen. Die Brustseite der Rebhühner mit flüssiger Butter bestreichen, mit Weinblättern belegen und Speckscheiben bestücken. Die Vögel mit Küchengarn umwickeln. Den gewürfelten Speck im Bräter oder einem weiten Topf ausbraten. Die Rebhühner hineingeben und anbraten. Mit ¼ Liter Wein ablöschen und in den auf 180 bis 190 °C vorgeheizten Backofen für etwa 40 Minuten geben. Hin und wieder die Rebhühner mit dem Bratenfond begießen, herausnehmen, vom Küchengarn und Speck befreien und warmstellen. Den Bratfond durch ein Sieb in einen Topf gießen und mit Hühnerbrühe und Crème fraîche auffüllen. Mit der Mehl-Butter binden. Dazu Mehl und Butter verkneten und zufügen. Einige Minuten bei mäßiger Temperatur köcheln lassen. Die restlichen Trauben in dem restlichen Wein erwärmen. Die Rebhühner auf einer Platte, die mit Weinblättern ausgelegt ist, anrichten und mit den Trauben garnieren.
Nach Belieben mit Weinkraut und Kartoffelpüree servieren.

Rehschnitzel mit Steinpilzen

250 g frische Steinpilze
½ Bund glatte Petersilie
5–6 Wacholderbeeren
4 Rehschnitzel von je etwa 180–200 g
Salz
frisch gemahlener schwarzer Pfeffer
20 g Mehl
1–2 EL Öl
2 EL Butter
⅛ Liter Sahne oder Crème fraîche

Die Pilze putzen und in Scheiben schneiden. Die Petersilie waschen, trockentupfen, die Blättchen von den Stielen zupfen und hacken. Die Wacholderbeeren im Mörser zerdrücken und die Rehschnitzel damit einreiben. Mit Salz sowie Pfeffer würzen und leicht mehlieren. Das Öl in eine weite Pfanne geben und erhitzen. Die Butter zufügen und die Rehschnitzel beidseitig je etwa 3 Minuten braten, herausnehmen und warmstellen. Die Pilze in die Pfanne geben und einige Minuten garen. Mit Sahne oder Crème fraîche verfeinern. Die Petersilie hinzufügen, salzen, pfeffern und vom Herd nehmen.
Auf vorgewärmten Tellern mit den Rehschnitzeln servieren.

Süßspeisen, Gebäck und Getränke

Weincreme

Die Eier trennen. Eigelb mit der Speisestärke und dem Wein verquirlen. Zucker und Zitronenschale zufügen. Im Wasserbad kräftig schlagen oder auf niedriger Stufe auf dem Herd bis die Creme dicklich wird. Sie darf aber auf keinen Fall bis zum Kochen gebracht werden. Vom Herd nehmen und abkühlen lassen. Das Eiweiß steifschlagen und dann erst vorsichtig darunterziehen.
In Glasschalen füllen und mit Gebäck servieren.

3 Eier und 1 Eigelb
1 TL Speisestärke
¼ Liter Wein vorzugsweise Riesling
50–60 g Zucker
abgeriebene unbehandelte Zitronenschale

Weinschaumauflauf

Die Eier trennen. Eigelb, Wein, Zucker, Vanillezucker, Zitronenschale und Speisestärke in einem Topf verrühren und unter weiterem Schlagen erhitzen, aber nicht kochen lassen. Das Eiweiß steifschlagen und die Haselnüsse unterziehen.
Eine Auflaufform ausbuttern, Wein-Eiermasse hineingeben und mit dem Eischnee überziehen. In den auf 190 bis 200 °C vorgeheizten Backofen für 15 bis 20 Minuten stellen.
Nach Belieben mit Zucker und Zimt bestreuen.

3 Eier
½ Liter Rieslingwein
3–4 EL Zucker
1 Tütchen Vanillezucker
½ TL unbehandelte abgeriebene Zitronenschale
40 g Speisestärke
100 g gemahlene Haselnüsse
Butter für die Form

Kirschauflauf auf meine Art

ca. 600 g Kirschen, vorzugsweise Schattenmorellen – ergeben nach dem Entsteinen 400 g Fruchtfleisch
1 EL Butter für die Form
nach Belieben 2–3 EL Kirschlikör
100 g Zucker, 2 TL echter Vanillezucker
2 Eier, 4 EL Quark
1 EL Mehl und 1 EL Speisestärke

Die Schattenmorellen entsteinen. Eine Auflaufform mit Butter ausstreichen und die Kirschen hineingeben. Nach Belieben mit Likör beträufeln. Zucker, Vanillezucker und Eier schaumig rühren. Den Quark hinzufügen. Mehl und Speisestärke unterziehen und die Masse über die Kirschen streichen. Bei 200 °C etwa 20 Minuten in den vorgeheizten Backofen stellen bis der Auflauf goldgelb ist.
Warm oder auch kalt, nach Belieben mit oder ohne halbsteif geschlagener Sahne, servieren.

Mirabellenauflauf

750 g Mirabellen
1 EL Butter für die Form sowie
50 g Butter für die Schaummasse
2 Eier, 60 g Zucker
1 Tütchen Vanillezucker
3 EL saure Sahne
2–3 EL Mirabellengeist
40 g Mehl, 200 ml Sahne

Die Mirabellen waschen und entsteinen. Eine Auflaufform einfetten und die Mirabellen hineingeben. Die Eier trennen. Eigelb, Zucker und Vanillezucker schaumig rühren. Die weiche Butter zufügen und weiterrühren, dann folgen saure Sahne und Mirabellengeist. Das Mehl sowie das steifgeschlagene Eiweiß unterheben. Diese Masse auf die Mirabellen geben und in den auf 200 °C vorgeheizten Backofen für etwa 25 Minuten stellen.
Warm, lauwarm oder kalt, ein wunderbares Dessert.
Nach Belieben mit halbsteif geschlagener Sahne servieren.

Mirabellenkonfitüre

Für 4 Gläser zu 450 g

1 kg Mirabellen
½–1 Zitrone, 1 kg Gelierzucker
nach Belieben 2–3 EL Mirabellengeist

Die Mirabellen waschen und entsteinen. Die Zitrone auspressen. Mirabellen und Zucker in einen großen Topf geben und unter Rühren zum Kochen bringen. 3 bis 4 Minuten oder je nach Vorschrift kochen lassen. Vom Herd nehmen. Zitronensaft und Mirabellengeist zufügen. In gut gereinigte und getrocknete Gläser füllen und verschließen, entweder mit passendem Deckel oder mit Einmachfolie.

Apfelkonfitüre nach Oma Alwine

Die Äpfel schälen, vom Kerngehäuse befreien und in Stücke schneiden. Die Butter in einem weiten Topf erhitzen und die Äpfel darin leicht braten. Nach 5 Minuten den Zucker zufügen und unter häufigem Rühren etwa 35 Minuten weitergaren lassen. Kurz vor Garende Zitronenschale und Zitronensaft sowie Mandeln hinzufügen.
In zwei Gläser füllen oder am besten sofort essen, da sie so lecker ist.

1 kg Äpfel
20 g Butter, 325 g Zucker
½–1 TL abgeriebene Zitronenschale
Saft ½ Zitrone
60 g gemahlene Mandeln

Makronen aus Nancy
Macarons de Nancy

Zucker und Mandeln vermischen. Ungeschlagenes Eiweiß, Vanille und 1 Eßlöffel Puderzucker zufügen. 2 Stunden abgedeckt in den Kühlschrank stellen.
Ein Blech einfetten und am besten mit Backpapier auskleiden. 12 Kugeln formen, diese flachdrücken und mit dem restlichen Puderzucker bestäuben. In den auf 180 °C vorgeheizten Backofen etwa 15 Minuten stellen.

100 g Zucker
120 g gemahlene Mandeln
2 Eiweiß, 2 Msp. Vanille
2 EL Puderzucker
Fett für das Blech

Traubenkuchen

Die Trauben waschen und entkernen. Die Eier trennen. Eigelb und Butter schaumig rühren (die Butter sollte Zimmertemperatur haben). Zucker, Vanillezucker sowie Zitronenschale zufügen und schaumig rühren. Mehl und Backpulver mischen und mit den Mandeln zufügen. Das Eiweiß steifschlagen und unterziehen.
Eine Springform mit Butter ausstreichen, mit dem Eßlöffel Mehl ausstäuben und wieder ausklopfen. Den Teig einfüllen. Die Trauben daraufgeben und bei 180 °C etwa 1 Stunde backen.

600 g Riesling-Trauben, 5 Eier
150 g Butter
150 g Zucker, 3 TL Vanillezucker
1 TL unbehandelte Zitronenschale
175 g Mehl, 1 TL Backpulver
100 g gemahlene Mandeln
je 1 EL Butter und Mehl für die Form

Traubenlese

Mirabellenkuchen
Tarte aux Mirabelles

Für den Teig:
200 g Mehl
110 g Butter
25 g feiner Zucker
1 Msp. Salz
1 Ei
einige Tropfen kaltes Wasser
800–1000 g Mirabellen
10 g Butter und 10 g Mehl für die Form
1 EL Zucker zum Bestreuen
nach Belieben Puderzucker zum Bestäuben

Das Mehl auf die Arbeitsfläche sieben und in die Mitte eine Vertiefung drücken. Die in Stücke geschnittene kalte Butter mit Zucker und Salz zufügen und mit möglichst kalten Händen abbröseln. Das Ei mit dem Wasser verrühren und zufügen. Alles schnell zu einem geschmeidigen Teig verkneten. In Pergamentpapier oder Klarsichtfolie verpacken und 2 Stunden in den Kühlschrank legen.
Währenddessen die Mirabellen waschen und entsteinen. Eine Form von 24 bis 26 cm Durchmesser einfetten, mit Mehl ausstäuben und das überflüssige Mehl wieder abklopfen. Den Teig ausrollen, hineingeben, einen Rand hochziehen und diesen nach Belieben kordelartig verzieren. Die Mirabellen mit der Schnittfläche nach unten auf den Teig legen. Den Kuchen mit dem Zucker bestreuen und in den auf 200 °C vorgeheizten Backofen für 45 bis 55 Minuten geben. Nach Belieben mit Puderzucker bestäuben.
Warm als Dessert oder abgekühlt zum Nachmittagskaffee mit halbsteif geschlagener Vanillesahne servieren.
Variation: Nach 20 Minuten Backzeit einen Guß aus 2 Eiern, 50 ml Crème double und 40 g Zucker verrühren, auf den Kuchen gießen und weiterbacken.
Nach Belieben kann der Kuchen auch mit Zimt oder mit Mirabellenlikör verfeinert werden.

Knappkuchen

3 Eier, 150 g Butter und Butter für das Blech
150 g Zucker
½–1 Tütchen Vanillezucker
150 g Mehl, 2 TL Backpulver
150 g Mandelstifte
½–1 TL Zimt, 2 EL Zucker

Die Eier trennen. Die weiche Butter mit Zucker und Vanillezucker schaumig rühren. Das Eigelb nach und nach zufügen. Mehl mit Backpulver mischen und ebenfalls zufügen. Das Eiweiß zu steifem Schnee schlagen und unterheben. Ein Blech mit Butter ausstreichen und den Teig hineingeben. Mit den Mandelstiften belegen und mit Zimt und Zucker bestreuen. Bei 190 °C in den vorgeheizten Backofen für etwa 30 Minuten stellen.
In der Gegend von Trier schneidet man ihn vorzugsweise in Rauten.
Besonders gern wird er zur Helenen-Kirmes gegessen.

Eifeler Haselnußkuchen

Für den Teig:
250 g Mehl
125 g Butter
65 g Zucker
1 Msp. Salz
1 Eigelb
50 ml kaltes Wasser

Für die Füllung:
200 g Zucker
350 g gemahlene Haselnüsse
etwa 200 ml Sahne
3 EL Honig
1 Ei, 1 Eigelb
2 Tütchen echter Vanillezucker
1–1½ TL unbehandelte abgeriebene Zitronenschale
1–2 Msp. gemahlener Zimt
1 EL Butter und 1 EL Mehl für die Form

12 ganze Haselnüsse
1 Eigelb und 1 EL Milch zum Bestreichen

Das Mehl auf die Arbeitsfläche sieben. Die kalte Butter in Stücken darum verteilen. Zucker und Salz hinzufügen. In die Mitte eine Kuhle drücken, Eigelb und Wasser hineingeben und alles schnell zu einem Teig verarbeiten. In Pergamentpapier oder Frischhaltefolie 2 Stunden an einem kühlen Ort ruhen lassen.
Den Zucker in einen weiten Topf geben und auf den Herd stellen. Bei mäßiger Hitze und häufigem Rühren goldgelb karamelisieren lassen. Vorsicht, daß er nicht anbrennt oder zu dunkel wird, dann schmeckt er bitter.

In einer gesonderten Pfanne die Haselnüsse ohne Fett unter ständigem Rühren etwas rösten lassen. Auch da ist Vorsicht geboten, daß sie nicht zu dunkel werden. Den karamelisierten Zucker zu den Haselnüssen geben. Die erwärmte Sahne, den Honig, Ei und Eigelb zufügen. Mit Vanillezucker, Zitronenschale und Zimt abschmecken.

⅔ Teig ausrollen, am besten auf Backtrennpapier und in eine ausgefettete und mit Mehl ausgestreute Form von 26 cm Durchmesser geben. Den Rand hochziehen und die Füllung hineingeben. Den restlichen Teig ausrollen und auf die Füllung legen. Die Ränder andrücken. Die Haselnüsse in die Decke drücken. Eigelb und Milch verrühren und die Teigdecke damit bestreichen. Den Haselnußkuchen in den auf 200 °C vorgeheizten Backofen für etwa 40 Minuten stellen.

Apfelhefekuchen

Für den Teig:
500 g Mehl, 40 g Hefe, 1 TL Zucker
75 g Butter, 60 g Zucker
1 Msp. Salz, gut 1/8 Liter Milch

Für den Belag:
1,5 kg Äpfel

Für die Streusel:
175 g Butter, 120 g Zucker
1 1/2–2 Tütchen Vanillezucker
2 Msp. Zimt, 150 g Mehl
1–2 EL Butter für die Bleche

Das Mehl in eine Schüssel sieben. In die Mitte eine Vertiefung drücken und die Hefe hineinbröckeln. Den Zucker daraufstreuen und mit 1/8 Liter warmem Wasser zu einem Brei verrühren. Abgedeckt 20 Minuten in einem warmen Raum stehen lassen bis er aufgegangen ist und Bläschen schlägt.
Die Butter in einen Topf geben und erhitzen, so daß sie flüssig wird, dann leicht abkühlen lassen. Butter, Zucker, Salz und Milch zum Teig geben und gut durchkneten. Leicht mit Mehl bestäuben und abgedeckt gut 1/2 Stunde stehen lassen bis sich das Volumen verdoppelt hat.
Währenddessen die Äpfel schälen, vom Kerngehäuse befreien und in Scheiben schneiden.
Butter, Zucker, Vanillezucker, Zimt und Mehl zu Bröseln abreiben. Ein großes oder zwei kleine Bleche einfetten. Den Teig durchkneten, ausrollen und die Bleche damit belegen. Nochmals 10 bis 15 Minuten gehen lassen. Die Äpfel dachziegelartig darauf verteilen und mit den Streuseln bestreuen. In den auf 200 bis 210 °C vorgeheizten Backofen für 50 bis 60 Minuten stellen.

Grießkuchen

60 g Rosinen, 1 Gläschen Trester
6 Eier, 150 g Zucker
2–3 TL Vanillezucker
1–2 TL unbehandelte Zitronenschale
2 EL Zitronensaft
100 g feiner Grieß
60 g gemahlene Mandeln
1 EL Butter und 1 EL Mehl für die Form

Die Rosinen mit dem Trester übergießen. Die Eier trennen. Eigelb und Zucker schaumig rühren. Vanillezucker, Zitronensaft, Zitronenschale und Grieß sowie gemahlene Mandeln zufügen. Die eingeweichten Rosinen unterrühren.
Eine Form von 24 cm Durchmesser mit der Butter ausstreichen und mit Mehl ausstäuben. Überschüssiges Mehl jedoch ausklopfen. Die Grießmischung hineingeben und in den auf 175 °C vorgeheizten Backofen für 40 bis 45 Minuten stellen.
Nach Belieben mit einer Glasur überziehen.

Koblenz

Brottorte

100 g altes Brot
100 g Schokolade
6 Eier
100 g Zucker
1 Tütchen Vanillezucker
125 g gemahlene Haselnüsse
2 TL Backpulver
2 Msp. Zimt
1 TL unbehandelte Zitronenschale
1 Gläschen Trester
10 g Butter und 10 g Mehl für die Form
zum Fertigstellen Puderzucker oder Haselnußglasur

Das Brot und die Schokolade getrennt reiben. Das Brot in eine Pfanne geben und unter ständigem Rühren etwas rösten, dann abkühlen lassen. Die Eier trennen. Eigelb und Zucker schaumig rühren. Vanillezucker, Haselnüsse, Brot, Backpulver, Zimt, Zitronenschale und Schokolade zugeben. Mit dem Trester abschmecken. Das Eiweiß zu steifem Schnee schlagen und unterziehen.

Eine Form von 22 bis 24 cm Durchmesser einfetten, mit Mehl ausstäuben, überschüssiges Mehl wieder ausklopfen und die Masse hineinfüllen. In den auf 180 °C vorgeheizten Backofen für etwa 35 Minuten geben.

Nach Belieben mit Puderzucker bestäuben oder mit Haselnußglasur überziehen.

Kartoffelbrot

1 kg Kartoffeln
1,2 kg Mehl
40 g Hefe
1 TL Zucker
1/8 Liter Milch
1 Liter Buttermilch
2 TL Salz

Die Kartoffeln waschen und in der Schale etwa 35 Minuten kochen. Nach dem Erkalten pellen und reiben oder durchpressen. Das Mehl in eine Schüssel sieben. In die Mitte eine Vertiefung drücken und die Hefe hineinbröckeln. Den Zucker zufügen und mit der warmen Milch zu einem Brei verrühren. Mit Mehl bestäuben und mit einem Tuch bedecken. 20 Minuten gehen lassen. Kartoffeln, Buttermilch und Salz zufügen, gut verkneten und 2 bis 3 Stunden bei Zimmertemperatur gehen lassen.

2 oder auch 3 Brote formen, auf ein gefettetes Blech legen und erneut 1 Stunde gehen lassen. In dem nicht vorgeheizten Ofen bei 175 bis 180 °C etwa 1 Stunde backen.

Eierwein

Die Eier verquirlen. Zucker und Vanille zufügen und schaumig rühren. Unter ständigem Schlagen den Wein zugießen und sofort trinken.

3 Eier
2 EL Zucker
1 TL Vanillezucker
1 Flasche Mosel-Riesling

Maibowle

Den Waldmeister waschen, trockentupfen und in ein Bowlengefäß geben. Den Zucker zufügen und mit einer Flasche Riesling übergießen. Abgedeckt 2 bis 3 Stunden ziehen lassen. Den Waldmeister entfernen und nochmals eine Flasche gutgekühlten Wein zugießen. Nun alles kalt stellen. Vor dem Servieren mit einem guten Winzersekt auffüllen.

Einige Zweige Waldmeister
etwa 100 g Zucker
2 Flaschen Riesling
1 Flasche Winzersekt

Winzersekt mit Weinbergpfirsich-Likör

Den Likör in eine Sektschale oder Sektflöte gießen und mit dem Winzersekt auffüllen, ein köstlicher Aperitif.

Für 1 Person

30–40 ml Weinbergpfirsichlikör
(1 Gläschen)
100 ml Winzersekt

Biographische Notizen

Renate Kissel, geboren in Berlin, ist eine erfahrene Kochbuchautorin und Gourmetköchin. Sie unterrichtet Ernährungslehre und gibt ihr Wissen in Seminaren weiter. Sie hat den berühmtesten Köchen Europas über die Schulter geschaut und dort praktische Erfahrungen gesammelt, die ihre erfolgreichen Bücher bereichert haben. Durch weltweite Studienreisen lernte sie die unterschiedlichen Kulturen sowie die Koch- und Eßgewohnheiten fremder Völker kennen.
Von Renate Kissel erschienen im Kunstverlag Weingarten „Zu Gast in der Bretagne, eine kulinarische Reise" mit Bildern von Manfred Myka, „Zu Gast auf den Kanarischen Inseln, eine kulinarische Reise" mit Bildern von Miguel Reche und „Zu Gast auf den Balearen, Spezialitäten von Mallorca, Menorca, Ibiza, Formentera" mit Bildern von Miguel Reche. Mitautorin neben Barbara Waibel und für den Rezeptteil verantwortlich von „Zu Gast im Zeppelin, Reisen und Speisen im Luftschiff Graf Zeppelin".

Dieter Portugall, geboren in Lahnstein am Rhein, absolvierte eine Ausbildung zum Schriftsetzer und Drucker, bevor er an den Akademien in Mainz und Düsseldorf Kunst studierte. Dieter Portugall unterhält ein eigenes Atelier mit Druckwerkstatt in Koblenz. Seine Werke wurden in zahlreichen Einzel- und Gruppenausstellungen in Deutschland, Frankreich, Luxemburg, der Schweiz und USA gezeigt. Teilnahme an internationalen Kunstmessen wie Art Basel, Art Expo New York, Art Multiple Düsseldorf. Viele Werke befinden sich im Besitz öffentlicher und privater Sammlungen. Dieter Portugall hat in den Jahren seiner freiberuflichen, künstlerischen Tätigkeit mehrere Hundert verschiedener Radierungen geschaffen. In liebevoller oder hintersinniger oder auch zorniger Manier umspielt er Alltägliches mit seiner Radiernadel und den Farbstiften. In den letzten Jahren hat er neben Golf- und sonstigen Sportstudien vor allem Stadtansichten radiert in einem eigenen, unverwechselbaren Stil: poetisch und doch realistisch, frei gestaltend und doch figurativ. Die hier wiedergegebenen Bilder schuf Dieter Portugall eigens für dieses Buch.

Register